新装版

あなたも金持になれる

Your infinite power to be rich

ジョセフ・マーフィー 著
和田次郎 訳

産業能率大学出版部

訳者序

五番街にあるブレンターノという大きな書店で、本書を求めた際、これは一般の応用心理学の書架にはなく、遠く離れた「投資」の部門にありました。本書はその目的が富を得ることにありますから「投資」のところにあって当然ですが、多少意外な感じがしました。しかし今それにわずかの説明を加えるならば、本書の内容はまさに富のための心の投資ということができます。実際の投資家を含めて、あらゆる立場の人々の役に立つよう書かれています。

本書はマーフィー理論の富に関する応用編ですので、その理論についての序説が省かれています。そのため、本書をお読みになってあるいは唐突感を覚えられる方があるかもしれません。その場合は先に進む前にマーフィー博士著・大島淳一先生訳『眠りながら成功する』および大島先生の著書『あなたはこうして成功する』（双方とも産業能率大学出版部刊）をお読みください。そこにはマーフィー理論が順序だてて説明されており、また、多くの私たち日本人の習慣からして受け入れにくいキリスト教的表現をどう解釈したらよいかについて、大島先生は明快な説明を添えておられます。本書にも随所にキリスト教的表現が出てきますが、場合によってはご自分で適当な語句と入れ替えてお考えください。

約十年前に大島先生がドイツ、イギリスでの留学を終えて帰国されて間もなく、ロンドンからお持ち帰りになったマーフィー博士の小冊子を先生より見せて頂き、以来、さまざまな折りにその理論を試し、予期していた程をはるかに越えるすばらしいできごと、不思議なことに出会ってきました。あなたも遠からず不思議なことを経験なさって、きっと驚かれることでしょう。

そして私たちのこの、精神的にも物質的にも豊かになることを願う心の友の輪が、ますます広がっていたる所に富が生まれ、それが日本の真の繁栄の一助となって、最近日本についていわれている、「やがて東洋の一角にみごとな文化の華が咲く」日が、早く愛する国に来ることを心から願ってやみません。

一九六九年　六月　ニューヨークにて

和田次郎

序にかえて——この本があなたにもたらす利益

この本は、どのような立場の人々にもあてはまるように非常に実用的に書かれています。お金を差し迫って必要としている人々には、すぐにでも効果的であり、また、限りなく豊かな富を追求しようとする人々には、心のうちに潜む無限の可能性を知ってもらおうとするものです。

これからこの本をとおして、その道程を歩みながら、ある種の簡単な技術を応用することになるのですが、その技術のかずかずについては、細部にわたる明確な解説をそえて後で述べます。それはごく簡単に応用できて、ごく自然な方法で富を得られるようになっています。

この本に述べられている基本的な心の法則については、エジソンやアインシュタインが広めた電気や数学の原理、法則と同じものであると考えてよろしい。この心の法則を応用するならば、結果はその法則に従って確実に現われてきます。

この本を書きながら私は単純でわかりやすくするよう留意しました。ですから、十二歳の子供でも後で述べる技術を理解し、応用することができると思います。

本書に出てくるすべての物語は、心の法則を使って豊かになった人々の実際にあった話です。また彼らはあらゆる種類の宗教を信仰している人々であり、更に、彼らの収入、社会的地位はあらゆる階層にわたっています。これらの人々には共通した点があります。それは、きわめて重要な方法で物事を考えることによって、また、潜在意識の力を正しい方法で使うことによって彼らの財産を蓄積したということです。

次にこの本のハイライトを幾つかあげてみましょう。

――あるセールスマンが年収を五千ドルから五万ドルに上げた方法。

――ロサンゼルスのあるセールスマンが百万ドルに値する公式を応用し、実際に数百万ドルのチェーンストアーを経営するようになった話。

――掘っ立て小屋に住んでいた大工が摩天楼の建築家となり、巨万の富を築いた話。

――ある破産した男が三段跳のように跳躍して富をつかみ、更に飛躍を重ねてさまざまな分野で破竹の進撃をするようになった話。

――ある豊かな鉱夫はいかにして富の観念を息子に引き継がせたか。この物語には富にいたる鍵があります。

――古い教えを応用し、数億ドルの会社を組織した人の話。彼は富を蓄積するため聖書からの公式を取り出し、それが真理であることを証明しました。

――詩人、小説家、画家、科学者、そして企業に携わる人々が、自分自身の中に潜む無限の宝庫より富を引き出すことに成功した方法。

――心の法則を知った後、いかにしてあなたは目に見える富を自分のものにすることができるようになるか。

もしもあなたが豊かでなければ、幸せで満ち足りた生活を営むことは不可能です！　豊かになるには理論的で科学的な方法があります。もしもあなたが、人生の成功と幸福と繁栄という甘い果実を得たいならば、この本から繰り返し繰り返し学びなさい。示唆されたことは正確に実行しなさい。そうすればより美しい、より幸福な、より豊かな、より高貴な、より雄大な人生へとあなたの前途は開かれることでしょう。

さてそれではこれより、そのような人生の富を求めて冒険に出発することにしましょう。

目次

第1章　あなたの中の無限の宝庫

聖書はこういっています。「私は羊たちに生活を得させ、そしてそれを豊かに得させるためにきたのである」（ヨハネ伝第十章十節）。

あなたは、幸福で満ち足りた生活を送り、神を賛美し、神とともに永遠に楽しむためにこの世に生まれてきています。この世のあらゆる種類の精神的、物質的富は神の恩寵であり、それらはそれ自体、善いものであり、善いことのために使われうるものです。

神はその賜物の贈主であり、人はそれを受ける側にあります。神は人の中に住んでいます。それはすなわち、あなたの中に無限の富の宝庫がある、という意味です。心の法則を学ぶことによってあなたの中の無限の宝庫から、あなたが人生を栄光と喜びに満ちて、豊かに送るために必要とするものをなんでも引き出すことができます。

あなたの金持になる権利

あなたは豊かになるように生まれてきました。あなたの中の天賦の才能を使い、神と調和し、そしてあなたの心を生産的にし、それをよいアイデアでいっぱいに満たすならば、あなたの勤労はもっと生産的なものとなり、それがあなたにあらゆる種類の物質的富をもたらすことになるでしょう。

あなたを豊かにするもの、それはあなたが心の中に抱く神との一体感です。そして、あなたの気持のもち方とこの世の事物に対する信念によって、どれほどあなたが豊かになるかが決まります。この世の無限の富はすべてあなたが楽しむためにあるのです。

貧乏の中にはたったひとかけらの美徳もありません。貧乏――その現象の本質は実は心の病のひとつなのですが――これこそ地上から抹殺されなければならないものです。あなたはあなたにふさわしい生活の場所を見つけ、そして世の中にあなたの才能を披瀝《ひれき》すべきです。人生を展開し、発展させ、限りなく人生を賛美するために精神的、物質的な富をあなたのものにすべきです。あなた自身を常に美と豪奢《ごうしゃ》で取り囲むにはどうすればよいかを学びなさい。そうすれば心の平和や、自由や独立に関しての譲歩し得ないあなたの権利について悟ることになるでしょう。

あなたの人生を劇化すること、それを描写してみること、それを具現してみること、そしてあらゆる力と気品と富を表現すること。それはだれもおかすことのできないあなたの権利なのです。

富にいたる科学

この宇宙には秩序があります。そして、そこには原理と法則があり、それによって私たちのすべての経験、状態、身の回りのできごとが実際のものとなります。すべての事象に因果の明確な法則があります。富にいたる科学にも法則があり、その科学はその基礎を信念の法則においています。「もしもあなたが信じるならば、どんなことでも可能になる」（マルコ伝第九章二十三節）。人生の法則は信じることの法則にほかなりません。「信じる」とは、ものごとを真実として受け入れることです。豊かな生活、幸福な人生、成功に輝く人生を信じなさい。そうして最善を期待して、喜びとともに毎日を送りなさい。そうすれば絶えず最善があなたのもとにやってくるでしょう。裕福と貧困、成功と失敗、健康と病気、その差はいったい何によるものでしょうか。それは信ずることの違いが具現されてそうなるだけのことなのです。この思想にしてこの結果あり、これは宇宙の法則です。したがって、富を大胆に、確信をもって求めた人がその富を受け取るようになるのは当然です。

あなたは豊かになるように生まれてきている

あなたは、豊かで、満ちあふれた幸福な生活を営むために必要な、すべてのものを具えて生まれてきました。あなたはすべての障害を乗り越え、それに打ち勝ち、あなたに内在する美しい心と栄光のかずかずを世に明かすために生まれてきました。あなたの人生は神の人生であり、その輝かしい人生はいまやあなたのものです。たとえ一本の樹木であっても、美しい秩序の宇宙であっても、神が意志するところには常に成功があるのみです。あなたは神とともに存在しています。したがって、あなたは失敗することがありません。

あなたは、ここで単に生きることだけを学ぼうとしてはなりません。あなたの精神と肉体とをとおして、隠された才能と手腕を公にし、自分自身を表現する方法を学びなさい。あなたが健康でありたいと欲すること、豊かさを、幸福を、平和をそしてあなたにとって人生の真実の場所を欲すること、それはあなたの中の永遠の生命があなたをとおして外に出たいと求めているその衝動であり、暗示であり、刺激なのです。さあ、あなたの最大の発展と最善とを欲しなさい。

富にいたる三段階

ビバリーヒルズにいる私の友人の一人が彼の店で話してくれました。「私の兄がここから三丁先で私と同業の商売をしているのですが、彼は儲かって儲かってしかたがありません。また事務員を新たに二人も雇いました。ところが私の方はいつも赤字でひどいものです。その原因はどうも環境とか商品とかのせいではなく私にあるらしいのです」。

私は彼に次のようなことを話しました。商売が繁盛するとか、仕事が発展するというのは商売の種類とか、場所の良し悪しとかの問題ではありません。富とは人の心の状態のことであり、たとえば、すばらしい才能をもった人が貧乏に打ちひしがれていたり、そうかと思うと才能や教育のない人々が途方もなく栄えたりすることがあります。私は彼に、まちがいなく富にいたる三段階の話をしました。彼はそれを実行して驚くほど繁盛しました。

(一)財政上のことでけっして悲観的なことや否定的なことを口にしない。たとえば「オフィスの借賃が払えない」とか「やりくりができない」「商売がうまくいかない」「支払ができない」とか、「……ができない」という悲観的考えが心に浮かんだら、すかさず次のことを肯定しなさい。「私は永遠の宝庫と一体である。必要なものはすべて直ちに満たされる」。これを一時間に五十回も肯定し続けたら、悲観的な考えがあなたをわずらわすことはなくなるでしょう。

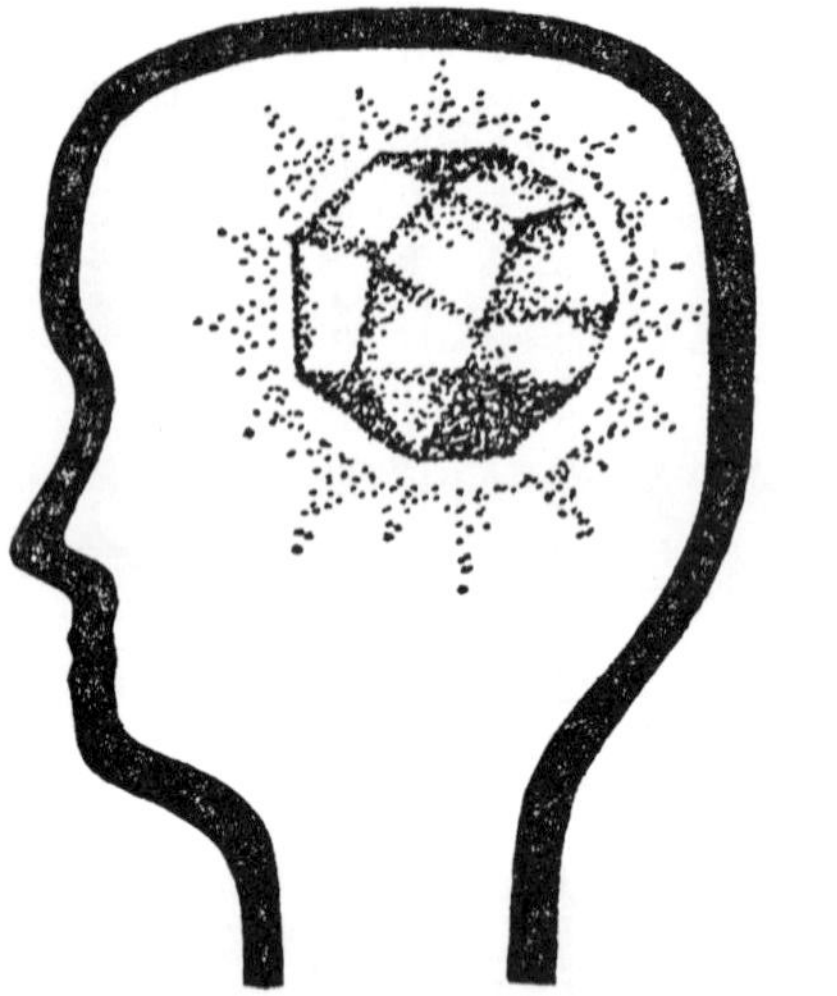

（二）内在する無限の富とあなたを調和させ一致させるため、次のように肯定することを毎日の習慣とすること。
「神は困難のときにいつも居あわせてくれ、助けてくれる。神はいかなるときも、いかなる所においても私が必要とするすべてのよきアイデアを即座に提供する源である」。
（三）毎夜、就寝のときに次のことを静かに繰り返し、あなた自身によくいいきかせること。
「私はいつも神に感謝している。永遠の生命はいつも私の中で躍動し、無限の富はいつも私の中にあって変わることがない」。

このビジネスマンは、この精神的処方箋によって一段と飛躍し、発展することとなりました。彼は聖書から次のことばを書き出し、それを額に入れて机の上に飾ってある、といっています。「荒野とかわいた地とは楽しみ、砂漠は喜びて花咲かん、ばらのごとく」（イザヤ書第三十五章一節）。

最近になって彼がいうには、「私の心は荒野と砂漠でした。そこには育つものは何もなく、はえるものといえば無知からくる恐怖やつまらなさや、自己嫌悪という名の雑草だけでした。今の私はただ、勝利と達成と繁栄の道を歩み続けるばかりです」。

豊富にある機会

いまや宇宙時代、スーパージェット、エレクトロニクス、宇宙旅行の時代となり、おびただしい数の発明や発見が科学、工業、医学、芸術の分野でなされています。たとえば、コンピュータとエレクトロニクスの分野においては、現在まだ幼年時代であり洋々たる前途が広がっています。空の交通機関（他の宇宙への交通をも含めて）に関係するビジネスは疑いもなく巨大な産業となるでしょうし、それに従事する人々の数は、世界中あわせるとどんな数字になるか想像もつきません。

時代の流れに逆らって泳ぐのではなく、その潮流に乗って人生を送ろうとする人々には、かず限りない機会がそこかしこにあふれています。富の法則はすべての人々のためにあり、同じようにあなたのためにもあるのです。

熱帯地方になる果物で、毎年、毎年落ちて腐ってしまう量は、世界中の人々が食べてなお余りがあるほどといわれています。自然は途方もなく豊かで、その富を惜しむことがありません。人間の世界の欠乏と不足とは、人間のまちがった分配方法と自然の乱用と悪用によるものです。たとえば建築材料を見ても、世界中にじゅうぶんな木材があり、石もあり、セメントも鉄もあります。その他あらゆる材料が豊富にあり、それらを使って、快適なマンションを世界中の人のために建てることができます。すべての婦人があたかも女王のように、すべての男性が王様のように着飾るに足るじゅうぶんな材料があります。

この世のあらゆる目的のために使われるすべての材料は、無限に供給されて尽きることがありません。それは、この世の根源である実体が無窮だからです。その永遠の泉は乾くことがありません。あなたの中の無限のアイデアの蔵も、たくわえが尽きてなくなることはありません。たとえば、人が更に金や銀を必要とするようになったら、すでに存在する元素を用いてそれらを合成するようになるでしょう。無限の英知はあなたの必要に応じます。そしてその英知は絶えず自らを拡大しようとする性向があり、あなたをとおしてよりいっそう充実した形をとって現われ出たいと欲しているのです。

貧乏は病気のひとつ

病気とは安定をなくして、均衡に欠けた状態のことをいいます。あなたの周りをごらんなさい。人々は各人各様の仕事についていますが、その中でどのような職種にあっても、ある人は金持になったり、各々の人生のゴールをりっぱに達成しようとしている一方、そのようにうまくいっている人々のすぐ近くで同じ分野の仕事をしていながら貧に甘んじ、病人のように生活している人が目につくことでしょう。彼らは不安定で不均衡な状態にあります。

あなたは身体の具合が悪くなったらすぐに薬を飲むか、医者にみてもらったりして治そうとします。心の病についても同様に対策を講じましょう。あなたが今、金持に見えなくても全く問題ではありません。ただあなたの心の中を豊かな考え、すなわち富、繁栄、拡大、発展などの考えでいっぱいにうずめ、たえず習慣的にそのことが思い浮かんでくるようにすることです。そうすれば潜在意識は自動的にあなたのその考えに呼応するようになります。やがてあなたは幸運に出会い、そしてその幸運からさらに幸運を呼び、はかりしれない繁栄への道を歩んで行くことになります。

今のあなたにはあるいは借金があるかもしれません。また信用や証券や、その他目に見える財産はないかもしれません。しかしそれを気にする必要は全くありません。確信をもって次のように唱えなさい。「無限の富が私の生活をじゅうぶんに満たしてくれる。天の富には常に余剰がある」と。間もなく不思議なことがあなたの生活に起こるでしょう。

「奇跡が起こりました」

私がこの本の最初の章を書いていたとき、ある老婦人が私に電話をかけてきて「奇跡が起こりました」といいました。彼女とその夫は、少しばかりの年金で暮らしをたてていたのですが、それがじゅうぶんでないため、いつも不自由な生活をしている状態でした。そんな頃、私は彼女に次のようなお祈りを勧めました。「神の富が豊富に流れてきて、私の生活をじゅうぶんに満たしてくれます。私は今この幸せに感謝し、神の豊かさに感謝します」。

彼女は一日に何度も心を込めてこのお祈りを唱えました。約二週間たったある日、一人の男が彼女の家を訪ねてきました（彼女はその男のことを天使の使いだといっています）。そしてその男は彼女に土地を売ってもらえないかとたずねたのです。その土地とは水もない砂漠の真中にある一区画で、周りには一軒の家も見あたらず、はえているのはただ雑草とサボテンだけというたいへんな所でした。彼女はその土地を何年も前から売りたかったのですが、そんな土地はだれも見向きもしませんでした。ところでその男はこういいました。「私どもの会社がお宅の土地の近くで大規模な工事をしているのですが、お宅の土地に発電設備をそなえつけたいと思いまして……」。

こうして彼女は一万ドルものお金を「一文にもならない」といわれたその土地の代金として受け取ったのです。このことは奇跡などではなく、ただ彼女の潜在意識（注・『眠りながら成功する』マーフィー著・大島淳一訳・産業能率大学出版部刊を参照）が、彼女の要求に応じた結果なのでした。

考えることによって資本ができる

考えることのもつ力は見たり触れたりすることはできません。しかし、あなたが何かを考えると、それがどんなことであっても必ず何らかの形をとって外に現われ出てきます。ただし、いい考えがあってもその反対の考えで中和されてしまったら、それはもう力をもたなくなる性質があります。その点に留意し、この性質を有効に生かすならばあなたは、考えることによって、潜在意識の働きをとおし、まちがいなく目に見える資本を作ることができます。

あなたの潜在意識はあなたの考えに従って作用します。もしもあなたが貧乏になるという恐れを抱くならば、たとえあなたが今どんなに豊かであっても、やがてあなたはまちがいなく貧乏になります。その逆に、もしもあなたが富とか精神的な豊かさなどについて、習慣的に絶えず考えるならば、あなたは豊かにならないはずがありません。「富は自分のものだ」と考え、その考えにひたりきってそれを堅持するとき、潜在意識はあなたのその考えと確信に答えて、行く先々であなたに幸運をもたらすことになるのです。

すべての発明や、作り出されたもの——ビルやさまざまな建造物、それにあらゆる種類の機械装置、加えて人のあみだした様式や手順など——はすべて、あらゆる人の心の中にある見えざる宝庫より生まれ出てきたものです。あなたが椅子から立ち上がろうとするとき、それは瞬間のことですが、まず立ち上がろうと思い、それから行動を起こします。ある科学者はあなたの家の中に人の影と声を送り込みたいと考えました。その結果がテレビです。電子の衝撃は影像、音声、音楽などになりました。私たちは全く「考え」で充満した世界に住んでいるということができましょう。

神はひとつの世界を考えました。深遠な宇宙の心はその考えに従って働き、そして躍動する宇宙が形づくられ、太陽と月と星は互いに秩序づけられ、終わりなき銀河が宇宙に存在することになりました。これらはすべて無限の英知の創造物であり、秩序整然たる数理的手法による精緻をきわめた考えの結果なのです。

木ができるときも、それがかしの木であろうとりんごの木であろうと、初めに無限の英知がそれを考えます。そして深遠なる宇宙の心が行動し始め、大自然の終始一貫した本性である成長の原則に基づいてすべての樹木が生まれてきたのです。

すばらしい牽引《けんいん》の法則

数ヵ月前、一人の男が自分で発明した機械を携《たずさ》えて私のところにやって来ました。そして彼はその発明をりっぱな製品にして世に広めるために非常に多額の資金がいるといいました。私は、その夢を実現するために必要なすべてを彼に提供する「牽引の法則」というものがあることを話し、次の事柄を絶えず心の中で強く確信することを勧めました。

「私の潜在意識の中の無限の英知は、理想的な会社を私に引き合わせる。その会社はこの発明をりっぱな製品にして売り広めてくれる。そこには相互の満足と協調とがあり、関係するすべての人々に利益をもたらす契約が結ばれる」。彼はこの一節を毎日の祈りにしました。

彼の潜在意識は非常に忙しく働き出しました。間もなく、私が講演しているロサンゼルスの講演会場で、彼はある秀でたビジネスマンに会いました。そしてこのビジネスマンはその発明にたいへん興味をもち、彼を援助してくれることになりました。そのうちにこの男はある適当な会社を見つけてくれて、その発明を生かした最高の製品をつくるよう契約まで結んでくれました。最近になって彼がいうには、その製品は革命的な特色をもっているために、途方もない数量が生産されようとしていて、先々の利益ははかりしれない、とのことでした。

この話は牽引の法則を正しく説明するものです。ちょうど草木の種が土の中で芽を出すのに必要な養分を吸収するように、人は理想や目的の達成や富の蓄積のために必要な知恵やアイデアを、意識的に引き寄せることができるのです。

このことに留意しなさい。人がつくった様式とか手順とか、とにかく人によってつくりだされたあらゆるものは、まず初めに、人の考えの中に想い浮かんだことから始まったのです。いかなる人もそれを考えだすまでは、それを語ったり、描いたり、つくったりすることはできません。究極的にいうと、考えることこそが世界を支配しているのです。

この章の要約

(1) 心の法則を使って、豊かな人生へとあなたを導くのに必要なすべてのものを、あなたの内にある無限の宝庫より引きだしなさい。

(2) あなたは豊かになるように生まれてきました。満ち足りた、幸せな人生を送るべきです。神はあなたが幸福であることを望んでいます。

(3) すべての事柄は、因果の法則に従って起こります。神の富を信じなさい。そうすればあなたはその富を受けます。あなたがそれを信じるときに、それはあなたにもたらされます。

(4) 神がなさることは、すべて成功するのです。あなたは神と一体です。したがってあな

た は失敗することがありません。あなたは勝利を得るために生まれてきたのです。

(5) すべての富は心の中にあります。富か、それとも貧困かを決定するもの、それはあなたの心の態度です。富を考えれば富を招きます。

(6) あなたの周囲に無数の機会があります。潮に逆らって泳ぐことを止め、時の流れと共に生きなさい。あなたの潜在意識の中には、かず限りないアイデアが隠れています。その中のあるアイデアは五万ドルに値することもありうるのです。

(7) あなたの内にある無限の宝庫に接するすばらしい方法は、次のように肯定することを習慣とすることです。「神は今、私が必要としているすべてのものを補ってくれる」。やがて不思議なことが起こります。

(8) 貧乏は心の病です。大胆に「無限の富が私の生活をじゅうぶんに満たしてくれる。天の富には常に余剰がある」と確信をもって唱えなさい。

(9) あなたの中の宝庫である潜在意識は、あなたがほんとうに信じきったことに対しては、思いもよらない方法で反応を示します。

(10) 「考え」は目に見えない非物質的な力ですが、それを用いて資本をつくることができるのです。

(11) 牽引の法則は、あなたが求めるすべてのものを引きつけます。ただしそれはあなたの思考生活と同じ性質のものに限ります。あなたの身の回りや財政状態は、あなたの習慣的なものの考え方の完全な反映にほかなりません。考えることが世界を支配するのです。

第2章　富はあなたの傍に

「地は主の慈しみで満ちている」（詩篇第三十五篇五節）と聖書はいっています。豊かな富があなたの周りに満ちています。それは全能の神が、あなたの目には見えなくとも、あなたの周りのいたる所に存在しているからです。

それはまた、私たちの周りにある空気にたとえることもできましょう。空気はけっしてなくなることがありません。だれでも欲しいだけ吸うことができ、けっして不足したりすることはなく、いくらでもあり余っています。このことはまた、大洋の水にもたとえることができます。大洋へ行って茶さじに一杯の水を取っても、花瓶にいっぱい汲んできても、大洋は一向に変化を受けません。水はいくらでもあり余っています。

この存在は終わりなき生命であり、いかなる生命もこの存在から離れてあるものはありません。この存在は無限の実体です。同じく、あなたが行動したり所有したりするすべての裏面にあるあなたの考え、および感覚は実体なのです。

あなたが、その終わりなき生命の実体とひとつであることを自覚するとき、何かが不じゅうぶんであるという欠乏の観念におびやかされることはありません。その存在は豊かな生命が躍動する泉であり、この世にあるすべてのものがそこから流れてくるのです。

無限の存在と調和し、つとめて大きなことを考える人には、可能性は無限にあり、あらゆる物が豊富に用意されています。そういう人はやがて永遠の存在から返答を受けるようになり、それにしたがって正しく行動し、その時々の環境に正しく処することができるようになるのです。

天の父はあなたが喜ぶことを喜び、あなたが健康と幸福と平和と物質的富とを享受することを喜びます。

何でも豊富にある

あなたに内在する想像力には限界がなく、そのためこの力を活用してあなたが得ようとしている経験とか、喜びの大きさや広さを制限する理由は何もありません。あなたは限りなき根源からそれらを引き出そうとしているのです。したがって自分のあずかる分量を仮定したりして、それ以上得ては悪いのではないかなどと気にする必要は全くありません。なぜなら無限の蔵は尽きてしまうことがなく、それはきのうも今日も同じように満ちており、永遠に変わることがありません。

人間の最も悲しむべき愚かさは、自分に内在する真実の富に気づかないことです。多くの場合、外的な所有物や置かれた環境のみに心をうばわれて、それを真の富と思い、人の心の内に存在する創造力に気づかないのです。

記憶しなさい。無限の蔵より何をいくら取り出そうが、制限はありません。真実の富とはその偉大な富の根源とあなた自身が、一致することにあります。豊富であることを考えなさい。裕福に大きく考えなさい。そうすればあらゆる方面から、よきもの、すばらしきこと、たとえばお金とかさまざまな種類の物質的なものから、愛情、尊敬、信頼などの精神的な富に至るまで、あなたのもとに流れてくることでしょう。

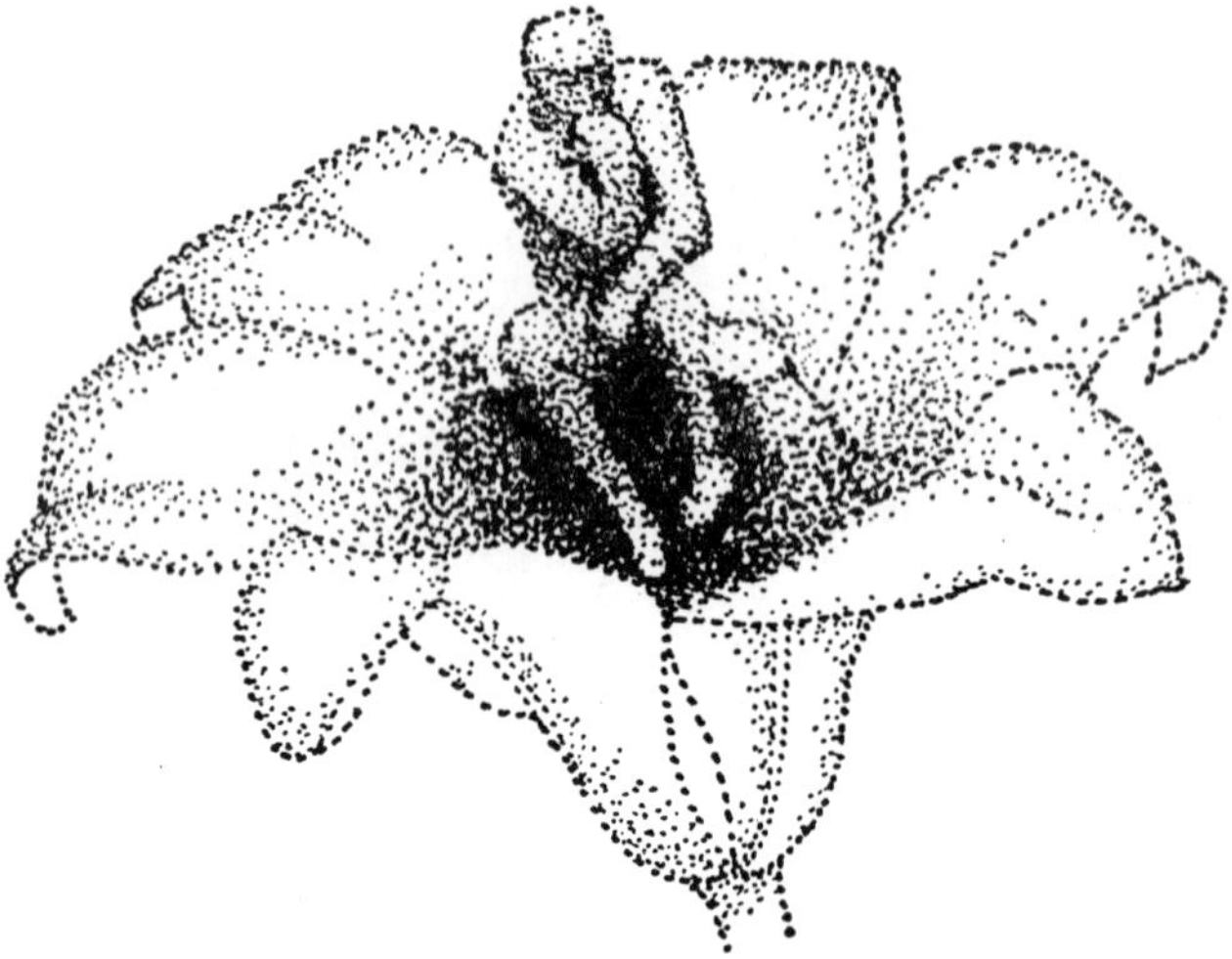

全能の神はあなたの内にあります。ですから、あなたが使いうる力はあり余っています。終わりなき平安、限りない喜び、そして完全な調和、加えて成功、発展、拡大、達成に導く無数のアイデアと生活のあらゆる方面での創造力は、内在する神の無限の富と一致する人にとっては、思いのままになるのです。「すべての準備はできている。もしも心に用意があるなら」。

富のなる木

これはあるビジネスマンの話です。彼は幼い時から貧乏には美徳があると教えこまれて育ちました。しかし彼は、潜在意識に植えつけられたこのばかげた考えが、彼の内的な幸福やビジネスの発展にひどく災いしていることを知りました。そして日曜の朝の私の講演を幾度か続けて聞いた後、彼は一日に数度、心の中で次のことを肯定しました。

「木の枝が木の生命の表現であるように、神の英知と創造力とが私をとおして表現されます。私は神の子です。だから、すべての神権と神の富とを受け継いでいるのです。私は心の中心を私の中の神に合わせる。私はこの見えざる存在と自分とが一体であることを知っています。無限の実体と無限の供給とを信じ、それが私の生活に富と調和と霊感と恩寵とを豊かにもたらすことを信じています。私は父なる神とひとつです。神の創造力は私の創造力であり、神の英知と力と理解力は私の英知と力と理解力なのです。無限の英知は私の生活のすべての行動を指示し、その富裕の念が、私に富と成功と繁栄とをもたらします。私は神の無限の富に対して心を開き、私のあらゆる努力はむくわれて、栄えるのです。神と人とは一体です。父なる神と私は一体なのです」。

この祈りは非常に効果的でした。そのビジネスマンは、これらの真理を日に三度か四度、オフィスで繰り返し唱えました。その結果、彼は新たに三つの店舗を開くことになり、二十五人の人を雇い入れました。

奇跡と呼ばれるものは、ただ単に心を新しい方向に向けたことによるものであり、富裕の念を育成した結果にほかなりません。

ある父親の財政的困難の原因

ある日、私の近所に住んでいる十六歳の少年が、私に会いにきて、父親が大学へ行くことを許さず、「エンジニアになれ」というので困っている、と不平をいいました。その父親はいつも口癖のように「お前を大学へやる金はない。金を借りるための担保になるようなものもない。そうでなくても、やりくりがたいへんなのだ。そんなことは忘れてしまえ」というのでした。この父親の財政的欠乏の原因は、すでにおわかりでしょう。彼は絶えず、あらゆる種類の欠乏と限界と財政的拘束の中に自分自身を閉じ込めてしまっていたのです。彼の潜在意識が、その習慣的な考えに対応して働いたのは当然のことでした。富を思い、考えなさい。そうすればあなたは豊かになります。貧乏を思えば、貧乏になります。

心のもち方を変えた結果

私はその少年の父親に会い、彼にとって必要なことは豊かな感情を養うこと、そして必要なものは何でも豊富にあるときの状態を絶えず想像することだと話ました。彼は私の勧めに従い、それから毎晩ベッドの中で、自分の息子から手紙がきたところを想像して眠りにつきました。その手紙は、息子が大学でどんなに楽しく生活しているか、自分がそうなるために父親がしてくれたことに対してどんなに感謝しているかを告げるものでした。そのほかに、父親は次のことばを心を込めて静かに肯定しました。「神は、私に必要なものをいつでもじゅうぶんに供給する永遠の源である」と。

毎日彼は、心に否定的な考え、たとえば「金がない、どうやってこの支払をしたらいいだろう。何を売り払おうか、もうだめだ」というような考えが浮かんだとき、彼はけっしてその考えを終わりまで続けることをしませんでした。すかさず、「神は、私に必要なものをいつでもじゅうぶんに供給する永遠の源である」と肯定することによって、否定的な考えを中和し続けました。

初めの頃は彼は、これを一時間に三、四十回唱えねばならないことがたびたびありましたが、数日のうちに否定的な考えは次第に消え失せ、それらに煩わせることはなくなりました。そしてある日、あたかも奇跡でも起こったかのように、彼は多額の賞金を手にしたのです。このお金で借金を全部払った上、彼はこのできごとによっていつどこでも必要なものはすべて自分にもたらしてくれる心の力に、いっそうの信念と確信をもつようになりました。

今日、彼の息子は自分が選んだ大学で学び、父親と同じように真実の富を発見したことを深く喜んでいます。今後、もしこの父子の前に、なにか経済的危機が訪れたとしても、もう恐怖と不安におののくことはないでしょう。

支払に関する魔法の公式

数年前に私の講義に出席したことのあるロンドンの薬剤師が、ある日彼の店のことについて私に次のような話をしてくれました。彼はかなり前に、わずかな資本をもとにして小さな薬局を開きました。ただそのとき、彼は義理の父からその資金を出してもらったのですが、その父が彼に早くお金を戻すようにと絶えず催促するのでした。未払の請求書はたまり、やがて彼は絶望的な困難に陥ってしまいました。

そのようなときロンドンのキャクストン・ホールで催された私の講演で、彼は私の次のような話を聞いたのでした。「あなたが何かの請求書を受けとったときは、いつでもただちにその請求書と同額のお金を受けとったのだと思い、ありがたく感謝しなさい」。しばらくこの哲学を思案した後、やがて彼はこのことを規則正しく計画的に実行しました。そして何ごとについても、心を込めて注意を払えば払うだけ、めざましい結果が現われてきて、彼の商売は発展しはじめたのです。彼の近所の三人の医師がすべて処方箋の薬を彼の店で扱うようにしました。このような話ができることを私はたいへん幸せに思いますが、今日、彼はロンドンでたいへん繁盛している三つの薬局の堂々たる所有者となっています。

この請求書と同額のお金を受けとっていると想像する方法は、しだい、しだいに彼の潜在意識の中に沈んでいきました。そして、やがて、それは現実となって現われ、目で見ることのできない潜在意識の力を確証するものとなったのでした。私はこの魔法のような公式を多くのビジネスマンに語ってきましたが、いずれの場合にも彼らは常にその利益にあずかって感謝しています。「祈りのときに信じて求めるものは、みな与えられるであろう」(マタイ伝第二十一章二十二節)。

財政的困難に対処する法

裕福になるための最初の原則は、目に見えない「考える」という力こそが、無限の蔵より目に見える富をつくりだすものであることを悟ることです。あらゆる被造物、あらゆる様式、手順などはすべて、無限の英知、つまり潜在意識上の考えがこの世に顕現したものです。その無限の存在は、ある運動を思いつきます。するとその考えは、運動となります。ひとつの形態を思いつくと、その考えはその形態になります。これがこの世のすべてが生まれた順序です。あなたはそのように、考えがすべてを決める世界に住んでいるのです。豊かになるには、あるいは財政的困難に対処するには、成功、繁栄、豊富などの考えに絶えず心を留め置く以外に方法はありません。

あるとき、無限の英知はセコイヤの木（訳者注・カリフォルニアにある巨木）を造ろうと考えました。そしてその木を完成するまで、幾世紀もの長い間その思考と活動は継続されました。無限の英知が初めにセコイヤの木を考えたとき、それは、その木がすぐ成長してしまうようにはせず、その木の種の中で脈打つ主体的知恵をとおして、徐々に成長していくような木を考え、行動を起こしたのでした。

同様にあなたがさまざまな財政的困難とあらゆる金銭的困惑から逃れたいと欲するならば、あなたは自分自身がもともとのアイデアやイメージ、計画や目的などを「考え出す人」である点をよく自覚することです。更にあらゆる建造物や発明はまず初めに「考え」として人の心の中に浮かんだものであることに気づきなさい。人が何かを存在へと導く以前に、そのことを考えてみることがなかったとしたら、人はこの世に何ひとつとして造り出すことはできませんでした。

この真理とともに、以下のいくつかの真実を表わすことばを心に留めておきなさい。

「私は無限の英知に絶対の信頼を置く。どのような境遇にあっても、望むときに望むように自分がなりうることを知っている。なぜなら無限の英知は、正しいとき、正しい方法で必要なすべてのアイデアを私にもたらす供給源だからである。無限の富は、惜しみなく自由に私の生活を満たす。天の富には常に余剰がある。私がこれらの真実を繰り返すことによって、私の心は永遠に流れ込んでくる天の富を受けることのできる状態となる」。

右の事実をあなたが繰り返し唱え、そしてその真実性を心で実感するようになったなら、あなたの心の富の意識は非常に大きなものになっているのです。そして景気の悪化や株式市場の動揺に見舞われても、あるいはそのときの金銭の価値がどんなに下がったとしても、そのようなこととは関係なく、あなたは常に必要とするもののじゅうぶんな供給を受けることでしょう。

年収五千ドルが五万ドルになった話

数年前のことですが、私の講義に出席していて、毎日のラジオ放送を聞いていたあるセールスマンが私にこうたずねました。「どうしたら私は年収を五万ドルにすることができるでしょうか。私には妻と三人の子供があり、いつもやりくりがたいへんです。生計をたてていくために妻も働かねばならない状態です」。

多くの場合、話しているうちに解決の糸口をつかむことができるものです。私は彼の心の中に豊かな考え、豊かな心像、豊かな気持を抱くことが富に至るまでにまず第一に重要なことなのだと説明しました。そのような心の状態になってはじめて、今までは何らかの欠乏、限定、拘束の状態にあったため触れることのできなかった実際の富の本質とつながりをもつことになるのです。

このようなわけで彼は心に豊かな像を描くことから始めました。彼はまた、宇宙の心にしても人の心にしても（実際に人の心は宇宙の心の一部です）まず心の中に像を描くことがその心にあるものをすべて表現するための運用法であることを知りました。結局このセールスマンは、彼にとって最もたいせつなことは、彼の心像と潜在意識とを通じ合わせることであり、そうすることによってアイデアの客観化が得られるという結論に達したのでした。

このビジネスマンの話を私宛の彼の手紙で結ぶことにしましょう。

「マーフィー先生、先生とお話して間もなく、私は毎朝、鏡療法を行うことにして、それを三ヵ月間実行しました。朝ひげ剃りの後、鏡の前に立ち、ゆっくりと心からの確固たる声でこう決め込んだのです。『ジョン、よくやった。年収が五万ドルになるぞ。おまえはすばらしいセールスマンだ』と。毎朝このことを十分から十二分くらい、繰り返し続けました。もちろんこのことがやがて私の潜在意識の中に五万ドルと同じ価値の気分を育み、またその金額を植えつけることによって目標を明確にして、成功を勝ち取ることができるということを知っていました。ある日のこと、営業部の年会で私は祭りあげられて壇上で話をすることになりました。その後、副社長は私に予期せぬお祝いをいってくれました。私は昇進し、もっとやりがいのある地区へ向けられ、そこで年収一万ドルを受けることになりました。私の昨年の年収は歩合と本給をあわせて、とうとう五万ドルを越えました。ほんとうに心は、天のすべての富と豊かさの源です」。

骨折り損のくたびれ儲け

あるとき、まだ年若い重役に面談したことがあります。彼は次のようにいいました。「私はいっしょうけんめい働き、会社では遅くまで残っています。その上、毎晩『神がいろいろな方法で私を豊かにしてくれることに感謝している』と唱えているのですが、いっこうに変わりばえがしません。この五年間一度もサラリーが上がったことはなく、昇進したこともありません」。

しかしながら彼は自分でも認めたのですが、その会社の中で彼の大学時代の友人たちが成功の梯子をどんどん登り、彼を凌《しの》いで昇進していくのを見て彼らを妬み、羨んでいました。また彼は皆のそのような発展を不当だといって咎《とが》め、にがにがしく思っていました。これこそ彼がいっこうに変わりばえのしなかった原因でした。

友人について否定的に考え、彼らの富や昇進や成功を非難することによって、彼は祈っていた自分自身の富と繁栄を逃がしたり、壊したりしていました。なんと彼は自分が祈っているものを非難していたのです！　彼は自分自身を咎めていました。彼は否定的なことを考えたり、感じたりして心を否定的な状態にしていたのです。実際の話が彼は、二とおりのお祈りをしていたことになります。一方では「神は私を豊かにしている」といい、他方では静かにしかしはっきりと「あいつの昇進と昇給には、がまんができない」といっていたのです。

彼はやがて、自分の心が創造的媒体であり、他人について考えていることが、そのまま自分で感じ体験することになるのだということに気がつきました。彼はそれ以来、心の態度の方向転換をすることになり、友人たちの健康と幸福と繁栄を願うことを特に留意すべきこととしました。彼がそのことをいつも心に留め、彼らの発展と成功と繁栄とを喜ぶことを自分の習慣として保ち続けるにしたがって、昇進と進歩が彼のもとにやってきました。彼の改まった態度がすべてを改めたのでした。

財政的保証を得る確実な方法

お金は交換の媒体です。それは、自由と美、力と栄華と上品さの象徴であり、富と喜びに満ちた生活の表徴です。それはまた、国家の経済的な健全さを維持する象徴でもあります。これは賢明に分別をわきまえ、建設的に使用されるべきものです。

あなたが財政的に保証されるようになるためには、「お金はよいものだ。非常によいものだ。それは人類に限りない幸福をもたらすものだ」と断固として、心に銘ずることです。あなたは、自分があらゆる富を所有し、それを他の人たちに贈物として与える分配の中心であることを繰り返し心の中に描き続けなさい。そうすれば、更に大きな供給をもたらす道があなたのために開かれていくでしょう。

あなたがお金をもとうと思う動機は正しいものであり、あなたはお金を豊富にもって当然なのです。富が雪崩のごとく押し寄せて来ることを期待しなさい。あなたの潜在意識の力を賢明に使うこと、それが幸福と安らぎを得る秘訣です。

成功は自分が得て然るべきであることを心に受け入れ、そう信じるとき、生命はあなたに報いようとします。財政的な安全とその保証を得るための真実の鍵は、あなたがよりりっぱな、より幅広い、よりすばらしい方法で人々のために奉仕している姿を絶え間なく想像し、そのときの喜びを感じることです。

よりいっそうすばらしい実り豊かな成功が、あなたのものになるところを想像しなさい。すべてのお金を深い感謝の気持をもって受け取り、すべての富の源である無限の存在に感謝しながら、そのお金を自由に使いなさい。

次の一節を絶えず唱えることによって、財政的保証の観念をあなたの潜在意識に焼きつけることができます。

「お金は富の象徴である。それは非常によいものだ。それを私は賢明に、建設的に、人々に幸福をもたらすために使う。お金は非常に好都合な象徴であり、それが豊かに流通することを喜ぶ。天の富が私をとおして人々に流れる。天の富は常にあり余っている。私はこれをよきことのみに使用する。神に感謝しながら人々に幸福をもたらすために使う」。

この章の要約

（1）富はあなたの周りいたる所にあります。それは神が遍在する中であなたが生活し活動していて、同時にその神があなたの中にも存在しているからです。だから、無限の富はあなたの中に、そしてあなたの周りに、どこにでも豊かに存在しています。

（2）あなたの創造力は際限がなく、またそれは尽きてしまうこともありません。あなたの真実の富は、豊富の観念にあなた自身を没してしまうことからはじまります。

（3）無限の宝庫である神との一体感をいつも心に留め置きなさい。そうすれば富は自動的にあなたの生活の中に流れ込んできます。

（4）あなたが欠乏、限界、拘束などを感じ、その考えにとらわれるならば、あなたはいっそうの欠乏とさまざまな限界を創り出します。あなたが注意をふり向けるものはすべてあなたの心の中で拡大されます。

（5）神はあなたが必要とするものを即座に満たす永遠の源です。これを理解するとき、不思議なことがあなたの生活に起こります。

（6）請求書を支払い、負債を全くなくしてしまう魔法のような公式。それは請求書を受け取ったときにそれと同額の収入があったと思い感謝することです。そうしているうちにその想像の収入は、しだいに潜在意識に植えつけられていきます。

（7）考えるということは非物質的なことですが、それによって見えざる宝庫から手に触れることのできる富を創り出すことができるのです。富を思えば豊かになります。また、貧乏を思えば貧乏になります。

(8) 心の中を豊かな考え、心像、気持で満たすことが、富にいたる第一歩です。そしてその豊かな考えは、それ自体欲している物の実体であり、まだ見えざるものがやがて実現する確証なのです。

(9) 他人の富と繁栄を非難することはあなた自身を傷つけることと同じです。あなたの心は創造的媒体ですから、あなたが他人に対して望むことと同じことを、あなたはあなた自身に対して望んでいるのです。

(10) あなた自身が、けっして尽き果てることのない永遠の富の供給源と同一であることを知り、そしてよりりっぱな、より幅広い、よりすばらしい方法で人々のために奉仕したいと心から願うとき、あなたは財政的に保証されます。神はあなたが必要とするものをすべて供給し、なおかつ余剰をもたらすでしょう。

第3章　知識が富を生む

生涯の仕事を思うままになし、さまざまな障害を乗り越えて前進し、すべての困難に打ち勝つことを可能にする無限の知恵と力とをあなたの中に見いだすこと。それはあなたのできる最も偉大な発見です。あなたは人生の勝利者となるように生まれてきています。そしてあなたは、あなたの心の操縦士、あなたの運命の支配者であるために必要なあらゆる資質や潜在能力を備えています。

もしもあなたが自分の精神的な力について知らなかったら、あなたは世間の状勢やできごとにふり回され、支配されてしまいます。その結果はやがて自分自身を苦境に陥れてしまうか、さもなくば、しだいに自分を過小に評価してしまうようになります。言い換えれば、幸福、健康、自由、生きることの喜びなどにいたる高速道路へとあなたを持ち上げ、そして邁進させる強力な力が、あなたの中にあるということを自覚するに至らないで、あるいはその知識が乏しいためにただただ環境の力に押しまくられて、自分が負けてしまうのです。

ある女性の夢と祈り

一九六五年の八月、私がギリシャのアテネの近くのデルフォイで、有名な神殿を訪れたときのことです。私は、ガイド嬢といろいろな話をしました。彼女は、英、独、仏語を自由に話せました。そのみごとな語学力に、私のいたグループのある婦人が魅せられ、その人は後に予定しているフランスとドイツの旅行にも付き添ってガイドをしてほしいと、彼女に頼みました。そしてこの婦人はついでに自分の三人の子供の家庭教師まで頼んだので、ガイド嬢は旅行が全部終わった後、ニューヨークに行くことになりました。条件は月四百ドルの給料のほか、食事と彼女の部屋が提供されることになっているとのことでした。このガイド嬢がいうには、現在の彼女のサラリーは一日に百ドラクマ（約三ドル）です。彼女はずっと以前からアメリカへ行きたい、アメリカへ行ってこのような仕事につきたいというのが夢だったそうです。もう彼女の夢はかなえられることになりました。

おもしろいことにこの若い女性は長い間、アメリカへ行く旅費を作るためにもっとお金がほしいと毎日祭壇に向かって熱烈なお祈りをしていたとのことです。疑いもなく、彼女の盲目的信仰と信念が、彼女の潜在意識を作動させることになり、この格別の返答（注・『眠りながら成功する』マーフィー著・大島淳一訳・産業能率大学出版部刊を参照）が彼女にもたらされるのでした。パラセルサスはいいました。「あなたの信じる目的が善悪のいずれであっても、やがてあなたは信じるものと同じものを得ることになる」と。

販売高が三年連続一位の秘訣

ギリシャ、ドイツ、イギリス、アイルランドを講演したとき、私は各々の国で数日ずつの休暇を過ごしました。アイルランドへ行ったときのこと、コークという町で私はある若いぶどう酒のセールスマンと彼のチャーミングな妻君と夕食を共にしました。この二十四歳の若いセールスマンは、以前から会社の中で筆頭のセールスマンになるのだというビジョンをもち続けていたところ、それがとうとうほんとうのことになった、と私に話してくれました。

ダブリンにある本社に呼ばれて、表彰式で成績が刻まれた金の時計が贈られ、同時にサラリーが大幅に上がりました。彼の成績は三年連続トップでした。

この青年は毎夜寝る前に、心の中で次のように肯定していました。「自分は会社一のセールスマンだ。豊かに報いられている」。それから彼は心の中で妻が彼のすばらしい成績を祝ってくれているところを想像し、深い眠りについたのでした。彼は私の著書『眠りながら成功する』の熱心な愛読者ですが、その本が彼の人生を変えたことは私にとってうれしいことです。

この青年は、他の仲間と競争することに精力をそそいだのではありませんでした。彼は、自分が会社一のセールスマンであるという考えを潜在意識の中に植えつけることに努め、それに成功したのです。それによって彼の深層の心――それは常に感応を示すのです――がそれ自体の独創的で類《たぐい》まれな方法をあみ出したのでした。

アメリカへ行けた少女

ギリシャのアポロ神殿を訪れたとき、私は一人のギリシャ人の少女が小脇にかかえている一冊の本に目を留めました。それはどこかで見たことがあるような気がする本でしたが、よく見ると驚いたことに私の著書『人生に勝利する』（The Miracle of Mind Dynamics）なのです。私は自分のことを彼女に紹介しました。すると彼女はあらゆる質問の矢を私にあびせてきました。

彼女が抱えていた問題は、次のようなものでした。彼女は移民としてアメリカへ渡ることを希望しているのですが、アテネにあるアメリカ大使館の話では、移民の割当を待っている人が非常に多いので、彼女の順番がくるまでにあと何年かかるかわからない、というのです。彼女は私に「この本に書かれている技術を私は長い間実践しています。おかげさまで私のお祈りは今まですべてかなえられてきました。でも、このアメリカ行きだけは、まだだめなのです」といいました。

彼女は規則正しく計画的に次のことを肯定していました。「無限の知性は天の命を受けて、私がアメリカへ行けるようになる道を開いてくれます。人々が『そんな方法はない』といっても、神は『ある』といいます。私は『ある』という神のことばを信じます」。

私はニューヨークに住んでいるある著名な婦人弁護士にあてて手紙を書きました。彼女も心の科学の学徒で私の古い友人です。彼女に手紙でこのギリシャの少女について、ニューヨークで長らく商売をしている彼女の姉が病気のため、その仕事と彼女の身辺を世話する妹の手助けを必要としている旨を説明しました。この弁護士は直ちにこのことを取り上げてくれ、そのギリシャにいる『人生に勝利する』の熱心な愛読者の少女にアメリカに入国するために必要なすべての法的な手続きについて手紙を書いてくれました。

私がちょうどこの章のはじめを書いているときに、アテネのその少女から手紙が届きました。それには、「マーフィー様にお会いしたことは、けっして偶然のことではありませんでした。司祭服を着たあなたをお見かけし、そして私に声をかけてくださったとき、私はあな

たがアメリカからおいでになった聖職の方であることがわかりました。そしてまたなぜか、あなたが私に話しかけてくださるように思えました。とにかくあなたは私のために得がたい答えをもってきてくださいました」と、書いてありました。

私が彼女のためにしたことといえば、単に彼女の潜在意識の英知が彼女の忍耐強い願いに応えるよう、その間の運河の役目を果たしただけでした。彼女は自分のジレンマからぬけ出すことの可能性をけっして問わず、ぐらつくことを拒否していました。ひたすらに答えを待ち、あきらめず忍耐強い彼女の態度が、当然の配当をもたらしたのでした。

彼女がアメリカへ渡る飛行機の中でスチュワーデスが『人生に勝利する』の英語版を一冊彼女にくれて「この本はあなたの英語の上達にとても役だつでしょう。もしもそれで勉強をしたなら、あなたはアメリカへ行って、英語が上達したことがわかるでしょう」といったそうです。

潜在意識がその力を表現する方法と手段は、あまりにも神秘的なので、ときおり人を恍惚たらしめ、魅了し、心を奪ってしまうものです。不思議なことが絶えず起こることを、また神はしくじることがないことをあなたも考え始めてください。

新しい観念で出版契約を結んだ話

ロンドンのキャクストン・ホールで行なった講演で、私は愛の驚くべき法則について話したことがあります。その講演のあとで一人の女優と話をしたのですが、彼女は現代の演劇界の下品さにふれて死にたくなるほど幻滅を感じ、舞台から降りてしまった、と打ち明けました。更に、「今、私は失敗した過去をふり返っていますが、お伝えしたいことがあります。長い間、私は自分自身の価値に気がつきませんでした。ですからその間に、私が書いた新しい本について出版社が勝手なことばかりいうのにひどく腹をたてていました。私は明日出版社へ出かけます。そして情熱が恐れや憎しみや憤りなどを追い払ってしまうことを証明したいと思います」。

ロンドンにはちょうど一週間滞在しました。そして出発する前にこの女優は、ポンド街の私のホテルに電話をしてきてこういいました。その声は非常に誇らしげで喜びに満ちていました。「今日、契約にサインしました。昨晩二時間も大声で『神の愛が私の魂に満ちあふれている』といい続けました。そして人々に対する愛と善意にあふれた豊かな気持で眠りにつきました」。

この女優は愛の意義について新しい考えを身につけ、その重要さを自覚し、そして神の愛がこれに似つかわしくないものを解消してしまうことを発見しました。また彼女は自分について流されていた許しがたいデマも、彼女自身の考え方がそれに影響されなければ、それはもはや力をもたないものである、ということを私の講義をとおして知りました。彼女は自分についてのばかげたゴシップのかずかずを作り出した人々を呪うのではなく、祝福することにより自由になったのでした。

苦悩から解放されて得た心の豊かさ

これはドイツのミュンヘンのある家で、小さなグループに心の法則について話したときのことです。私を招いてくれた青年は優秀なアルペンスキーの教師をしていました。彼のかず多いアルプス登山の一つで事故が起こり、生徒の一人が――彼の婚約者でしたが――突然襲った雪崩で行方不明となり、後に彼女は死体となって発見されました。彼は裁判にかけられ、二つの法廷は彼を有罪としましたが、三番目の裁判ですべての罪を免除されました。にもかかわらず彼は罪の深い意識にとらわれ、激しい良心の呵責《かしゃく》にさいなまれ、更に地方紙の告発的な主張に苦しめられていました。

私は彼に、彼らがアルプス登山の教訓にそのとき故意に従わなかったことに、責任をおわねばならないことはないと話しました。その上、ある人々は死に固執するような観念を抱いていたり、または死に対する憧れの感情のようなものをもっていて、彼らの破壊を招く向こう見ずな離れわざを無意識のうちにしてしまう場合がある、とつけ加えました。自分を忌み嫌い、自分を憎むことは、酒に溺れたり、睡眠薬を多量に飲んだり、麻薬に浸る原因となるものです。彼は酒に浸っていました。私の話で、彼は今までに不必要に自分を責め続けていたことに気がつき、そうする代わりにその少女の冥福を祈って、彼女を神に渡したいと思い始めるようになりました。それは同時に、彼自身を自由にすることでもありました。

私は彼に、この世に生を受けた私たちすべてにとって、常に変わらず父、母、兄弟、愛する者をもち続けることは不可能である点を指摘しました。だれにとっても現在あることが、やがて変わらねばならないのは避けがたいことです。これが宇宙の法則であり、世界中のだれにでも定められた掟なのです。ですから私たちは心が奏で、つぶやき、囁《ささや》くのに耳を傾け、だれもがこの世からやがて次の世へと移行していくようになっていること、そしてそれは神が定めた掟であるということを知らなくてはなりません。

亡くなった愛する人（注・『人生に勝利する』産業能率大学出版部刊75ページ「すべて、終りは初まりである」を参照）に病的に固執したり、またはそのために意気消沈した考えを抱くことは誤ったことです。なぜならそれは否定的な態度だからです。私たちは逝ってしまった人を愛するが故に祝福し、彼らの旅が前進し、上昇し、天に至るものであることを知って神に渡すべきです。死者のことを思い出したときは、神の愛が彼らの魂を満たしていることを思い起こしましょう。

以上の話をし終わったとき、彼の瞳は静かに輝き、そしていいました。「心の重荷がとれました。これで自由になれました。心が豊かになりました」と。

これはいいアイデアだ

コリントの近くのアスレピオス神殿を訪れたとき、私はガイドの説明を夢中になって聞きました。それはこの神殿が古代ギリシャの巡礼の地であったこと、またどのようにして彼らがいろいろな病気を治したかについての話でした。彼女は、ここへ来れば治るという彼らの強い期待とあざやかな想像と盲目的な信仰によって、巡礼者たちのほとんどの病気がここに来る前にすでに治ってしまっていた、という事実を長々と述べました。古い記録によれば神殿の司祭たちはまず病人に薬を与え、それから彼らを深い催眠状態に置いて、その間に一人一人に対し「神があなたのもとにやってきて、病を治すだろう」と暗示を与えたそうです。考古学の研究は、疑いもなく多くの病気が実際に驚くべき快復をみていることを指摘しています。

古代に用いられた病を治すための技術について彼女と議論しているうちに、私は彼女が、潜在意識の働きについて完全に理解していることがわかりました。彼女はこういいました。「もちろんです。マーフィー先生。神殿の中で彼らが眠っている間に起こったすべての治癒は、一人一人の疾患がどんなものであっても、自分たちは必ず治るのだという強い信念のためにもたらされた結果にほかならないのです。『彼らの信仰によって、彼らは癒された』のです。その熱烈な信仰が潜在意識の癒す力を働かせたのですが、彼らはその力が当時の神の一つのアスクレピオスの力だと思い込んでいました」。

この若いガイドは心の中にすばらしい富をもっていました。彼女の父親はイギリス人で母親がギリシャ人であったため、両国語を自由に使えましたが、少女時代は暗いものでした。彼女はアテネの貧民街で生まれ、学齢になっても両親は適当な洋服を買う余裕がなかったので、学校へ上がることができませんでした。彼女は神に、その長い絶望的窮地から何とか抜け出すために、よいアイデアを授けてほしいと祈っていました。

ある日のこと、あるアイデアが天の一角から彼女のもとにやって来て、彼女はアメリカ人の子供にギリシャ語を教えることになりました。やがて彼女はある石油会社の重役婦人に接することになり、その婦人に、あなたのもとで働きたいと申し出ました。その婦人は「それはすばらしいアイデアです」といい、直ちに高給を支払う約束をしました。後にこの婦人はいっさいの費用を自分持ちで、彼女をアメリカ、その他の国々へ観光旅行に連れて行きました。

今日、この若い女性はすでに豊かな私財を築いていますが、未だに古代ギリシャの歴史を旅行者に話しかけることをこよなく愛し、堂々たる神殿、中世の城、絵のような島々や古代の宗教的な遺跡のかずかずを語り続けているのでした。彼女は心に浮かんだアイデアを軽々しく扱わず、直ちにそれを受け入れ、そしてそれらのアイデアが私たちの人生の支配者であり、私たちの運勢を左右する大権を握っている、ということを身をもって証明しました。

常にアイデアと共に生きなさい。「それでは話がうますぎる」などといってはなりません。そういう代わりに「これはいいアイデアだ！　全くすばらしい！　必ず実現させてみよう」といいなさい。

暗闇を照らす光

ギリシャの有名な修道院のひとつで、私は院長と興味深い会話をかわしました。彼が聖書の中で最も力強いことばは「あなたの中にある力こそ世のいかなるものより偉大である」という一節だ、といいました。さらにまた、「自分という存在の奥深いところに、神の英知と力に通ずるものがあるということを自覚することは、自分に自信と信念と確信をもたらすものです。私が自分の問題をいかに解決するべきか真剣に考えて、光明と判断力とを求めるとき、新しい洞察とアイデアが自分の中に湧き出てくるのは、心の暗闇を照らす神の光であると考えています」と付け加えました。

この修道院長は生命の秘密と生命に豊かさを与える根源を知っていました。彼はまた別れ際にこういいました。「実在性とは、この現象の世界において表われているものではなく、私たちが内的に感じ、考え、想像し、そして信じるものそのものなのです」。

彼がいったことはすべて、心を研究する学徒の知る、私たちの外にではなく、内にある永遠の因果律を語るものでした。記憶しなさい。創造主は被造物よりも偉大です。考える者は考えられることよりも偉大です。石とか杭など外的に表われ出ているのに力をもたせてはなりません。心の中の創造力こそ、あなたの思想と感情と忠節を尽くして信じるようにしなさい。あなたの思想と感情があなたの運命を決定します。あなたが真実として感じ描く心の中のイメージが「望み求めるものそのものであり、まだ見ていないものの証である」（ヘブライ人への手紙第十一章一節）。

この章の要約

（1）あなたには人生におけるすべての問題と障害と困難に打ち勝つことのできる、見えない力が備わっています。

（2）知識は豊かな配当を支払ってくれます。たとえば、外国語の知識は、富と旅行と胸をときめかすさまざまな冒険への道を開きます。

（3）あなたが心に抱いている将来像と自己評価は、あなたの潜在意識に働きかけ、その結果あなたは自分があるべき将来の姿として想像しているとおりに、やがて実際になってしまうことを余儀なくされます。

（4）知識は閉じられている扉を開きます。人なら「もうだめだ」というときに、あなたの中の無限の英知は「私はあなたの前にだれも閉じることのできない門を開いておいた」（ヨハネの黙示録第三章八節）といいます。この内的導きを信頼しなさい。そうすれば、あなたが祈るにしたがって不思議なことが起こります。

（5）あなた自身を再評価し、新たな輝かしい自分を打ちたてなさい。あなたの新たな概念は、新たな契機と昇進と限りない富をあなたにもたらすことになるでしょう。

（6）あなたは他人の行動に責任をとる必要がありません。あなたが他人に負っていることといえば、それは愛と善意です。

（7）あなたの望みや祈りに対する返答として新しいアイデアが心に浮かんだときは、それを歓迎しなさい。常にアイデアと共に生きなさい。新しいアイデアがあなたの人生に富をもたらすという確信をもち、これを身をもって証明しなさい。

（8）何かに行く手を阻まれたり、遮《さえぎ》られて、ぬけがたい精神的ジレンマに陥ったときは、新しい光明と新しい判断とを求めなさい。創造主は被造物よりも偉大です。このことを深く吟味することです。そうすれば新しい見解が生まれ、すべての問題を直視することができるようになります。記憶しなさい。光明が（理解が、洞察が、誠が、新しいアイデアが）すべての暗闇を照らします。その光明をあなたの中で光らせ続けなさい。そうすれば、財政的欠乏の影はあなたから遠のいていきます。

第4章　潜在意識と協力しよう

ギリシャの美しい島々を訪れた最近の旅行で、私はオーストラリアやローデシア、南ア連邦、その他いろいろな国からの旅行者と会い話す機会を得ました。そして職種を問わず、非常に多くの人々の間に心の働きに関する知識が広く行きわたっているのを知って驚きました。彼らの間に共通していることは、彼ら自身を神性の自己と同一線上に置き、相通わせていることでした。彼らの一人がこういいました。

「神を自分より年長のパートナーだと思って、仕事上で必要なときに指図を求めます。ときにはある仕事に適切な人材を得たいと祈ります。またあるときは無限の英知に製造、販売に関する完全なプランを示してもらうこともあります。それによって得た成功を、私は自分の中にある神性の自己による指図、命令の結果と考えています」。

彼らの職業は建築家、エンジニア、重役、鉱山の所長とかさまざまでした。彼らは神を自分たちの案内者、助言者、または相談役として生活のさまざまな局面において頼みとし、すばらしい繁栄へ至っていました。

多くの人々は平生、神を鳩の巣のような小さな穴に放りこんでおいて、わずか祭日や結婚式、葬式などの社会的行為にのみもち出します。

神は空の高い所に住んでいるのではなく、あなたを創造し、あなたの心臓に鼓動を与え、髪の毛を伸ばさせ、寝ているときでさえ全身の器官を躍動させ、統制している力と英知なのです。もしもあなたがこの内的な英知と力を容認できず利用できないならば、それらは存在しないのと全く同じです。

神とはすでにおわかりのように、あなたの中の無限の心と英知の代名詞です。実際はあなたがそれに気がついていなくても、常にあなたはこの力を使用しています。たとえばあなたが手をもち上げようとするとき、その力があなたに手をもち上げられるようにします。またはあなたがある問題を解決しようとするとき、その創造的英知が解答を啓示してくれます。あなたが指を切ったとき、それを癒そうとする内的な存在が血を凝固させ、傷の周りに新しい細胞を作り始め、そして元どおりに癒します。あなたの子供に惜しみなく愛を注ぐとき、あなたは神の無限の愛の一部を表わしています。あなたが平和と均衡とを自分の内に作り出そうとするとき、あなたは神の絶対的平和の一部を具現しようとしているのです。神と共に生き、そうして財政的な幸福をあなたの人生にもたらしなさい。

分け合いたいこの財産

アテネの近くのモニという島で、私は南ア連邦のヨハネスブルグから来たある小説家と長い間語り合いましたが、彼の話には非常におもしろい点がいくつかありました。彼は自分の以前のことを次のように話しました。「私の作品はずいぶん出版を拒否されました。最初の頃の本は『読むに値せず』とか『興味なし』という印をつけて戻されました」。彼は長く拒否恐怖症に陥っていましたが、やがて心の法則に関する本を読んでから、彼の考え方が変わってきました。

それ以来、彼は想像を建設的に働かせ始めました。描こうとする小説の筋、特徴、特異性、著わしたい真理のかずかずについて考え、そして夜となく昼となく大胆に次のことを肯定し続けました。「神の知恵が私をとおしてこの小説を書いている。私の知性は人々を照らす。そして私の作品は彼らを感動させ、祝福し、そして人類に恩恵をもたらす。そんな小説を私は書く」。彼はこういいました。「しばしば私は、朝目覚めると書きかけの小説がひとりで先の方へ進んでしまっているのに気づくことがあります。私の顕在意識が潜在意識のいったことを運び出しているのです」。

このようなことを始めて以来、彼の作品はことごとく世に受け入れられるようになりました。彼は、自分の中に豊かな宝庫を見いだし、それをペンをとおして人の魂を高め、これに威厳をもたせるために使ったのでした。

彼は、自分の心が神聖な宇宙の心の一部であること、そしてその心が正しい方向に向かうとき、深層の心からの感応を得ることができる、ということを発見していました。この小説家は自分が成しえた財政的成功について、それは聖書の次の一節を深く信仰しているためだ、といっています。「あなたがたのうち、知恵に不足している者があるならば、その人は咎めもせず惜しみなくすべての人に与える神に願い求めるがよい。そうすれば与えられるであろう」（ヤコブの手紙第一章五節）。

自信は富を生む

ギリシャ旅行の中で最もすばらしい思い出の一つは、海の神、ポセイドンの神殿の壮観な白い大理石が美しいケープ・サウニオンを訪れたときのことです。この岬から眺めた日没は表わしがたく美しい、まれに見る壮麗な光景でした。

そんな雰囲気の中でそのときのガイドと長い間語りあったのですが、彼女は自分の生いたちについて次のように話してくれました。彼女はアテネの貧民街に生まれ、小さいときから極度の劣等感に取りつかれていました。彼女がまだ幼かった頃、ギリシャのすばらしい史跡を訪れる観光客を案内しているガイドを、彼女はしばしば興味深く見つめることがありました。

ある日彼女は両親に、頭がよくてやさしい人になりたい、そうすればガイドさんになれるかもしれない、といいました。すると両親は、ばかばかしいことでも聞くように笑い、彼女に学校に行けるのは皆お金で、彼女はそういう人とは違った星の下に生まれたのだ、ということを悟らせようとするのでした。

ところが彼女はどうしても自分の希望を捨てようとしませんでした。やがて大きくなって高等学校へ進んだとき、彼女は校長先生に自分は考古学者になりたいと思うがなれるだろうか、とたずねました。彼は次のように答えました。「もちろん、もしもあなたにその自信があるならなれます。神と自分がそれを可能にするのだと信じて自信をもちなさい」。

彼女は私にこういいました。「私は心の中にしまってあるこのことばと共に生きています。それで、私は現在、考古学を専攻して三年目になりますが、あと二年で卒業することになっています」。

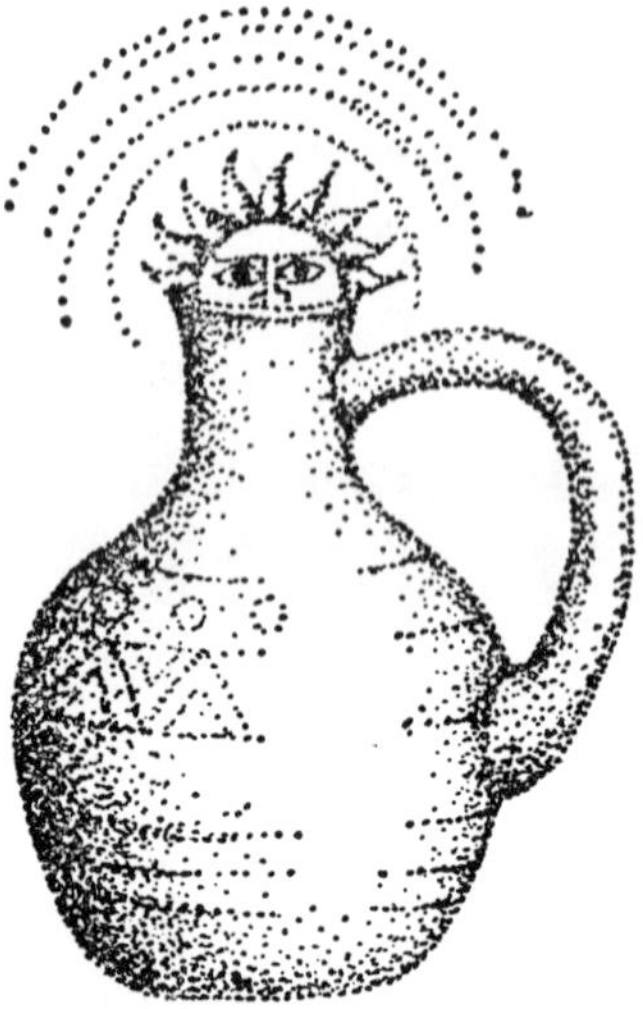

彼女の「なりたいものになる」という自信は、お金や情熱、勉学に対する熱心さ、バイタリティー、そして魅力的でりっぱな人格などに変換されたのでした。これは聖書の中の彼女の大好きな一節です。「最後にいう。主に依り、その偉大な力に依って、強くなりなさい」（エペソ人への手紙第六章十節）。

考古学者になりたいというアイデアは、次第に彼女の心の中を占めるようになり、やがてそれが何をおいても重要なこととなり、そしてついには知恵と力とに満ちた彼女の潜在意識が、神的秩序にしたがってそれを実現させたのでした。

天才があなたの中にいる

ヨーロッパ旅行中に、南ア連邦のケープタウンから来たというある卓越したビジネスマンと夕食を共にしました。彼は率直にいろいろと話してくれました。それによると彼は、数年前にケープタウンで冒険的なビジネスに四度も失敗しましたが、それというのも、ビジネスを始めるにあたって店をどこに開くべきか仕入れはどうあるべきか、宣伝はどうするべきかなどについて、世間でエキスパートといわれている人の助言に耳を傾けたためだったとのことでした。更に、彼のすべての困難の原因は、重要な決定にあたって他人のいうことに左右されたためであり、また、失敗や苦悩や困窮のかずかずは、自分自身の中に天才がいる、ということについて認識が足りなかったためだったとつけ加えました。

ある日、彼の妻は彼に心の中の神的自己に信頼をおいてはどうかと話しました。彼女は聖書からの引用句をタイプし、それを毎日の彼の心の支えとするよう勧めました。そうすることによって彼が成功を確信するようになって欲しいと願ったのでした。成功への鍵となったのは次の一句でした。「私の神は、ご自身の栄光の富の中から、あなた方のいっさいの必要を満たしてくださるであろう」（ピリピ人への手紙第四章十九節）。

こういうわけで彼はいかなる問題や困難も、自分に内在する万能の神を凌《しの》ぐものではなく、その神は常に自分のさまざまな要請に応じてくれうるものである、ということを自覚し、神と調和するよう努めはじめました。もはや彼は、自分が置かれた状態、環境、自分にまつわるいかなる問題も自分より優るものではなく、それらはみな、解決され打破されうるものだと確信するようになりました。彼はそれぞれの問題に解決の道があり、それに打ち勝ったときの深い満足と喜びを予期しながら、一つ一つの困難に自信と信念をもって立ち向かい始めました。そして彼は自分の出会う困難に挑戦することをむしろ好むようになりました。

彼は内的な知恵と英知を発見して以来、環境や条件の犠牲者になることを拒否しました。今日、彼はおびただしい成功を獲得し、何百人もの従業員を雇っています。そしてその成功の喜びに浸りながらさまざまな教育事業や慈善団体のために貢献しています。「主よ、あなたは全き平安をもって志の堅固な者を守られる。なぜなら彼はあなたを信頼しているからである」（イザヤ書第二十六章三節）。

勝利はあなたのもの

ドイツのフランクフルトに滞在したとき、ホテルである若い医者に会いました。彼は働きながら大学を卒業した人でした。卒業する頃の彼の考え方は、不幸にして「自分にはお金がない、よい環境に診療所を開くことができない、いろいろな器具を備えることもできない」というようなものでした。

大学で臨床心理学を勉強したことがあった彼は、やがてそれらが心の中で否定的な暗示として働いていること、また、それらは自分の状態をけっして改善するものではないことに気がつきました。更に彼は自分自身の思想と感情が唯一の創造力であることを知り、そして自分を拘束しようとする暗示に影響されて失敗を恐れるのではなく、自分自身の心の創造力に自信をもつようになりました。

自分の心にまつわりついていた障害、じゃま、沈滞を取り除き、理想的な診療所が開けるよう創造力に助けを求めました。彼は自分がりっぱな診療所の中で最新式の医療器具に囲まれている様子を、やがて自分がそうなるのだという決意をもって、絶え間なく心に描き続けました。そして彼の潜在意識の無限の英知が、いまや自分の要望に答えるよう活動しつつあることを静かに確信するようになりました。

それから間もないある日のこと、一人の婦人が彼の自宅に訪ねてきました。そこは彼の父親の家でしたが、彼の仮の診療所としていました。その婦人がひどい痛みに苦しんでいるのを見て、彼はすぐそれが急性盲腸炎であると診断しました。そして彼女を急いで病院に連れてゆき、手術をしました。その結果、彼女はめざましい快復をみました。

結局、この二人は恋におちいりました。彼女は彼の新しい診療所のために出資したばかりでなく、結婚式の日にはイギリスから取り寄せたロールスロイスを彼に贈りました。花嫁の父親は途方もなく豊かな実業家で、自分の義理の息子のために、医学の新時代に必要なすべての医療器具を用意する機会を得たことをたいへん喜びました。

このことは、あなたが自分が犠牲者だと思い込みさえしなければ、あなたはけっして環境の犠牲になることはないということを示しています。永遠の存在の限りない英知があなたをとおして流れ出ることを受け入れなさい。そうすればあなたの生活の財政的条件は奇跡のように、そして即座に変わることでしょう。

この若い医者がそうであったように、あなたがほんとうに必要としていることは、あなたの内的な力を発見し、それと密接な関係を保つことです。このことを自己実現といいます。

あなたの中に神性の自己が存在しています。しかるに世界中の何千万人という人々がそのことに全く気づかないばかりに病に苦しみ、ノイローゼにかかり、障害に嘖《さいな》まれ、貧乏にうちひしがれているのです。

私たちのなすべきことは、神的存在に気づいて、私たち自身を抑圧やフラストレーションや貧困から解放することです。「神と和らいで平安を得るがよい。そうすれば幸福があなたに来るであろう」(ヨブ記第二十二章二十一節)。あなたの内的力と交流を保ちなさい。そうすればあなたは、幸福と繁栄と心の平和を得ることになるでしょう。

あなたがハリウッド通りにいても、キラニー湖(訳者注・アイルランド、後出)のほとりに住んでいても、あなたが味わう幸福感は同じです。実際に、あなたの健康や富や成功は地理的環境によって決まるものではありません。あなた自身が、あなたの成功と富と繁栄を創造するのです。

あなたの神性な自己は、たった今もあなたをとおして声となり、あなたを前進させ、上昇させ、完全なものにしようとかりたてています。神は、私たちの欲求という形をとって一人一人に語りかけています。その欲求は、私たちをとおして表現しようとしている、神の声です。

あなたは神の無限の鍵盤であり、ここで神の旋律を奏でます。新しい任務、新しい仕事、新しい勉強を始め、興味と情熱と自信とをもち、それらをありうべき姿に完成するよう励みなさい。あなたは何かを始めるときのその雰囲気の中で、同じ喜びをもってそれを完成しようとしている自分の姿を見いだすことができるでしょう。神の惜しみない愛と共に出発しなさい。そうすればよきことを愛する姿を全うすることができるでしょう。新しい仕事を信念と自信をもって始めなさい。そうすれば勝利と歓喜と栄光と、そして財政的成功があなたのものになるでしょう。

始めと終わりは同じである

アイルランドのキラニーで一人の若い音楽家のハープ演奏を聞いたことがあります。そのとき私は、イギリスでフランス語とラテン語と数学の教師をしている私の妹といっしょでした。彼女はその演奏を聞いて、こんなに美しい演奏を聞いたのは初めてだ、見事なハープ演奏だ、と感嘆しました。私たち二人がこの若い婦人ハープ奏者を夕食のテーブルに招いて話しあったとき、彼女はこのようにいいました。「私は演奏を始めるとき、いつもこんなお祈りをします。『偉大な音楽家である神様、私をとおして演奏してください。私はあなたの家来ですから、あなたのお求めどおりに演奏します。そしてご自身の歌を、愛の調べを、私をとおして奏でてください』。これが私の始まりですが、生命の法則は始めも終わりも同一だということです。私は神を愛し、賛美し、崇めることで始めます。その結果は始めたときと同じような神の愛や美や栄光のイメージが、自然に現われてくるはずです」。

この章の要約

（1）神と協力しようとするとき、あなたの富は大きくなります。

（2）あなたはあり余る財産をもっています。あなたの潜在意識の中に存在する途方もない力と知恵を見いだしなさい。そうすればあなたの知性は照らされて、あらゆる方途で栄えるでしょう。あなたは人類に偉大な恩恵をもたらすことができるのです。

（3）心の法則に関するあなたの理解と信頼の程度によって、あなたの健康と富と成功が決まります。

（4）天才があなたの中にいます。潜在意識の知性と一致し、調和しようとするとき、あなたの中の天才が現われてきます。あなたの潜在意識の中の無限の英知は、あなたのすべての財政的問題を解決する正しい解答をあなたにもたらします。

（5）無限の英知はあらゆる問題に優《まさ》ります。環境や条件があなたを創造するのではありません。創造力は外的な失敗や拘束の暗示の中にあるのではなく、それはあなたの思想と感情の中にあります。

（6）生命の法則とは、始めも終わりも同一であることです。あなたの新しい計画を興味と情熱と自信と信念とをもって始めなさい。そうすればあなたの努力の結果は、それを始めたときの雰囲気や調子と同じものになるでしょう。あなたに内在する神的能力を信じて実行に移りなさい。そうすれば財政に関することも含めて、あなたが手がけることとすべてについて、すばらしい結果を獲得することでしょう。

第5章　富を祈ろう

地球の底には金、銀、プラチナ、アルミニウム、天然ガス、石油、ダイヤモンド、その他の宝石や金属などのはかりしれない富が埋蔵されています。更に、それらを用いて生産されうる富には全く限りがありません。しかしながら以前に指摘したように、生命の真実の富は人の潜在意識の底深い所にあります。それは人が生まれながらにしてもっている知性であり、地中の財宝を見いだし、加工し、分配することを可能とするものです。

この世の中でもっとも尊いものが、あなたの中にあります。具体的にいえば、あなたの意識しない心の底に、神的存在のはかりがたい知恵と無限の知性と限りない力とさまざまの奇跡と栄光が存在しているということです。あなたのいっそうの栄光のために指示と助言を求めなさい。そしてそれを受けなさい。内にある富を求めて宝の山を掘り進みなさい。そして宝石や天然石を採鉱するように、新しい創造的アイデアや発明、発見、栄光に輝く音楽、新しい歌、そしてすべての困難に対する解答をあなたの中から掘りあてなさい。内的な富の蔵を見いだしたなら、あなたは確実にまちがいなく、絶対に外的富を得ることになるでしょう。「内にあるべく、外にかくあらん」といわれているからです。

ある婦人の精神的金鉱の発見

最近私は一人の婦人から手紙をもらいました。彼女がいうには、「私たち夫婦は三十年前に結婚し、今主人は六十五歳です。そして五人の子供に恵まれています。私たちは幸福で平和な生活を営んできました。正しくいえばそうだと思っていたのです。ところが最近、私の主人はオフィスの若い秘書と三年以上も深い関係をもっていることを告白しました。そしてそのうち何とか片がつくまで自分のことをわかってほしい、と冷たい態度で私に頼みました」とのことでした。

「私は腹がたって仕方がなく、憎み、憤り、心は深く傷つけられました。子供たちもショックを受けました。私は自信をなくし、他の人が私のことをいくら魅力的だ、知的だ、チャーミングだ、といってくれても無駄です。私は毎日むっつりと考え込んで夜も眠れません。私は裏切られたのです。もう絶望です。私はどうしたらいいのでしょうか」。

私は彼女に御主人は疑いもなく道徳的に欠陥があり、その不倫と愚行の深い罪は許しがたい、と返事を書きました。彼がその関係をもてあそんでのらりくらりと長びかせていることは、彼の忠誠心と人格が完全にくずれ落ちてしまったことを示すものでした。なぜなら彼はこの若い婦人をただ利己的に利用し、彼女に対して義務と責任を全く感じていなかったことは、彼がいった「そのうち何とか片づくまで」ということばをみても明らかでした。

私はその返事に次のことも含めました。「御主人は深い罪の意識にとらわれ、このために起こりうるさまざまな結果をたいへん恐れています。彼はこの関係についてあなたに話すことが、あなたにどんなにひどいショックを与えるかということも知っていました。ではなぜこのようなことになったのかというと、これは想像ですが、おそらくその愛人が御主人に、あなたと離婚して自分と結婚してくれるようにせまっているのではないかと思われます。

彼は今、あなたと愛人と双方に気がある状態で、愛人との関係を続けながらも、無意識

にはあなたと結ばれていたいと欲しています。御主人に素直に話してごらんなさい。そして『道徳的な勇気と精神的規律と男らしさをもってほしい』と彼の欠けている点を話すことです。そうでなければあなたはこれ以上こんな生活を続けることはできない、なぜなら結婚生活において互いの間に忠誠心がなくなったとき、その間柄は滑稽であり、偽りであり、ただの見せかけにすぎなくなる、とはっきりお話しなさい。彼があなたにこのことを打ちあけた理由は、たぶん彼女があなたに直接このことを話して、あなたに御主人のことをあきらめなさいという前に、彼があなたを自分の見方にしたいと思ったあらわれだと考えます」。

私は彼女に御主人と話す際は、右の諸点をあくまでも素直に話すよう強調しました。そしてまた、次のお祈りを頻繁に唱えるよう強く勧めました。「私は主人に対し、愛と平和と善意と喜びを捧げます。私たちの間には、調和と安らぎと完全な理解があります。私は主人の中の神性を敬重し、私たちの間に常にある神の愛を尊びます。神は主人をとおして考え、話し、行動します。そのことはまた、神が私をとおして考え、話し、行動するのと同じです。私たちはこの結婚を神とその愛のために捧げます」。

彼女は右のことを約一週間祈り続け、それから御主人と包み隠しなく話し合いました。すると彼ははげしく泣きくずれ、彼女の許しを乞いました。今日、彼らの家庭は、愛と調和と安らぎに満ちています。この婦人がひとたび掘り下げようと決心したとき、間もなく彼女は自分自身の内にあった心的金鉱を掘りあてたのでした。

あなたの中の金鉱

私はアイルランドに滞在中、ある外科医とおもしろい会話をかわす機会をもちました。彼はチャーミングな細君とその地方を旅行中でした。私たちは心の不思議について語り始めたのですが、やがて彼は自分の父親についての信じがたい物語を話してくれました。それをできるだけ簡単にまとめてみましょう。

この若い外科医はウェルスの炭鉱夫の息子でした。彼の父は安い賃金で毎日長時間働いていました。この外科医が少年の頃、父親は彼のために靴を買う余裕すらなかったので、彼は素足で学校に通わねばなりませんでした。果物や肉類が食卓に現われるのは一年に二回、それは復活祭とクリスマスのときだけでした。この家族の平生の食事といえばバターとミルクとじゃがいもとお茶だけでした。

ある日この少年は、父親に「お父さん、僕は外科医になりたいんだけど、その訳を聞いてよ。僕が学校へいっしょに行っている友達は以前、目の病気にかかっていてよく見えなかったのが、医者に手術をしてもらったら完全に見えるようになったんだ。僕もそんなお医者になって人のためにいいことをしたい」といいました。

彼の父は答えました。「お父さんはね、お前のために今までに二十五年もの間お金をためてきて、今は三千ポンド（約八千ドル）もあるんだ。それはみな、お前がよい教育を受けるために貯えてきたものだが、それよりもお父さんはお前が医学の勉強をみな終わらしてしまうときがくるまで、それには手をつけない方がいいと思う。それがすんでからハーリー街（ロンドンの一流地区）でいい器具をそろえ、いい診療所を開くためにそれを使うのはどうだろう。そうしている間にそのお金には利子がつくから、それをお前の勉強のたしにもできる。それはみなお前のお金だから、お前が勉強をしている間にほんとうにお金に困ってきたら、それをいつでも引き出していいんだよ。でもお父さんはそれよりも、その利子をどんどん積んでおいた方がいいように思う。そうすればお前が卒業するときには、そのお金はうんと大きくなっているだろう」。

この父の温かい思いやりは、彼を感激させ、ふるいたたせるにじゅうぶんでした。彼はその学校を出るまで、お金にけっして手をつけないことを約束しました。やがて彼は医学の専門校へ進み、昼は勉強、夜や休日は町の薬局で働きました。また薬学や化学の講師をしてお金を得たりもしました。彼は、彼が父とした卒業するまで銀行にあるお金に手をつけないという約束を果たそうといっしょうけんめいがんばりました。

やがて彼が卒業する日がやってきて、父親はいいました。「お父さんは今までずっと石炭を掘り続けてきたが、それによってどうなったわけでもない。銀行には一銭もないし、今までもなかったのだ。がお父さんはお前が自分を深く掘り進んで、お前自身の中にある限りなく豊かでつきることのない永遠の金鉱を掘りあててほしいと願っていたのだ」。

その外科医は私にいいました。「しばらくの間、私は面くらって父が何をいっているのか、ピンとこなかったくらいでした。しばらくたってその驚きとショックがさめてから、二人は笑いころげました。それから父がほんとうに私に教えたかったことは、必要なときには私を助けてくれるお金が銀行にたくさんあるのだ、と思うことによってもたらされる富の感情であったことがわかりました。それは私に勇気と信念と確信を与えてくれ、自分自身を信じることができたのもそのためでした。自分が銀行に三千ポンドももっているのだと信じていたことは、実際に三千ポンドが私の名前で銀行に預金されているのと全く同じように作用して、私の目的を達成させたのです」。

この外科医がいうには彼が外的に達成したことすべては、彼の内的な信念や映像や確信の表象にすぎなかった、とのことでした。彼を援助する父からのお金は、ただの一ファーシング（注・四分の一ペニー＝最少の銅貨）もありませんでしたが、彼の生活に起こったこの驚くべき結果はどうでしょうか！　世界中のだれに対してでも通用することですが、人生における成功、成就、完遂、目的の達成への秘訣は、各自の思想と感情の奇跡的な力を発見することにあります。私たちの心の友であるこの外科医は、あたかもお金がずっとあったかの如く、確信をもって行動したのでした。

大当りした投資

あるとき私は「あなたの潜在意識は銀行である」という講演をしたことがありますが、それに出席していた一人の男から最近手紙を受けとりました。その一部を引用します。

「親愛なるマーフィー博士、私は先生の講演で潜在意識を銀行のように使う、というお話を伺いました。私はこのことを今までに考えてもみなかったのですが、あるとき突然、自分の心の中に描いていることや考えや気分や態度はみな、潜在意識のための投資であることに気がつきました。思えば今までにそのたいせつな潜在意識に、憤懣、怠惰、遅滞、いらだち、自己嫌悪などを考えもなしに投入し続けてきました。このようなさまざまな否定的考えが潜在意識の中でしだいに大きくなり、それが原因で私は胃潰瘍にかかり入院までしました。

私が先生の講義を聞き始めてから三ヵ月になります。それを拝聴した最初の晩、私は神を頼りなく気まぐれに天を支配している存在としてではなく、すべての事物にいきわたっていて、全宇宙を支配し、そして私にいつも即答を与えてくれることのできる存在として見はじめるようになりました。そして私は次のことを心を込めて、確信をもって唱えるようになりました。『神の力とその強さと、平安と英知と喜びはもう私のものである。神の愛は私の魂に満ちあふれ、その光は人類に奉仕するためのさらによい方法を私に啓示してくれる』と。

そのような考えを私の内的な銀行（潜在意識）に預け始めてからというもの、すばらしい創造的なアイデアが心の奥の金鉱からどんどん出てくるではありませんか。私の今のビジネスは以前の三倍にもなりました。私は健康で、毎日は幸福と喜びと神の高らかな笑い声にあふれています」。

あなたは今すでに豊かなのです

ゆったりとした気持になって、あなた自身に次のようにいいきかせなさい。「私は今、自分の中を精神的に掘り下げ、すばらしいアイデアを引き出そうとしている。自分には今までに引き出したことのない内的な資源、力、才能、能力が眠っているのを私は知っている。その宝庫を意識的に掘り下げるにしたがって、無限の英知が私にそれらを明示してくれる」。

新しいアイデアが実際の富に変わっていくさまに、きっと驚かされることでしょう。あなたの内にある宝庫に気づきなさい。かずかずのアイデアを互いに強く結びつけ、ひとつの大きな全体にまとめなさい。そして実行に移しなさい。

アイデアひとつ数億ドル

石炭は大昔から地の下の炭層で眠っていたのを、富を求める鉱夫がつるはしを使って掘り出し地表へもち出してきたものです。この発見は世界中で何百万もの人がそのために雇用されるという結果をもたらし、それは更にはかりしれない富を生産する手段として用いられるようになりました。石炭は南国の熱を北極圏へ運び、極地の家庭をロサンゼルスと同じくらい暖かくしました。

あるスコットランドの少年は、自分はもとより他人にも富をもたらす新しいアイデアを求めて、自分を精神的に掘り下げていました。そしてやかんのお湯が沸いたとき、蒸気が蓋をもち上げて吹き出すのを見ていて、たいへんな財をなしました。全く突然のこと、その蒸気の爆発力が彼の心をとらえました。このアイデアこそ世界に革命をもたらした蒸気機関のはじまりであり、世界中のおびただしい人に仕事を与え、世界のいたる所に巨万の富をもたらす結果となりました。

最近ある機会にヘンリー・フォードの意義深いことばを味わったのですが、彼がもしも何かのためにすべての財産と仕事を失ってしまったらどうするか、とたずねられたとき、彼は次のように答えたそうです。「すべての人々が基本的に必要とする何か必需品を考え出し、他のだれよりも安い、そしてより機能的なものを供給します。五年以内に再び億万長者になってみせます」。

世は宇宙時代、電子の時代です。途方もない可能性とチャンスがあなたを待ち受けています。あなたの深層の心に新しい創造的アイデアを求めなさい。それはあなたの潜在意識の創造力を解き放つことになるでしょう。あなたの中に閉じ込められているその壮麗な力を今より解放しはじめなさい。

あなたの財産はあなたから始まる

富と貧困の原因はいずれの場合もその発端は人の心の中にあるものなのです。あなたは富を得て成功をわがものとするつもりなのですから、その点について歴然たる決断を下さねばなりません。富とは好機や幸運や偶然によって得られるものではありません。あなたに許されているただひとつの好機は、あなた自身がつくりだす好機だけです。

ある会社の才気豊かな若手重役がいいました。「私は毎日忙しく、夜は遅くまで働いています。今までに経営に関する私の提案や意見はよく取り上げられ、そのために会社はずいぶん儲けてきました。ところが過去三年間一度も昇進していません。私の部下でさえ昇給したり、昇進したりしているのですが」。

この男は勤勉で才覚もあり、明らかに骨おしみせず働いていました。ここに生ずる疑問の解答は、彼の先妻との関係にありました。

それまで三年にわたって彼らは、財産、別居手当、子供の養育費などのことで争い続けていました。無意識のうちに彼はその訴訟の決着がつくまで余分なお金は欲しくないと思っていたのでした。彼は、お金を儲ければ儲けるほど、別居手当も多く払わねばならないはめになることからのがれたかったのです。彼は法廷が仮に決めた規定額を先妻に支払っていましたが、それが高すぎるといって憤慨しながら最後の判決を待っているところでした。

私は彼の潜在意識がこの三年間、彼にどのように働きかけてきたかを説明しました。彼はまさに「お金はいらない」と決めてかかっていたのであり、先のような否定的概念を完全に感情と同化してしまっていたのでした。更にその上、忿懣や敵意や反抗心をもって先妻が豊かにならないよう願ったりしたことは、そのようなことを彼自身の潜在意識の中に押し込んだことになり、当然の結果としてこれらが彼の経済生活のあらゆる面に投影されてきたものでした。

もしもあなたが心の中で、他人が豊かにならないことを願うなら、それは同時にあなたが自分で自分が豊かにならないように願っているのと同じことになります。これこそ古い金言が隣人に対してよく思い、話し、行動せよといっている理由です。決して妬んだり憤慨したり、とがめだてたりしないことです。

その訳を説明するごく簡単な論理があります。これはあなたの世界の中で、あなた自身が唯一無二の考える主体である、ということです。

あなたの否定的な考え方は、あなたの生活のあらゆる部分に否定的な反応を表わします。あなたの潜在意識は、あなたの思想生活の流れの総体を、空間というスクリーンに常に投影し続けています。

この若手重役は、自分の発展と昇進を自分で妨げていることに気がつきました。自分の問題に対する解答が自分自身の中にあったのです。そして愛は憎しみを追い出すということを知り、先妻と子供たちに対して健康と愛と平和と繁栄を望むならば、自分もそのような幸せを全く同等に得ることができるようになる、ということを悟ったとき、彼は初めて自分自身の中におだやかな安定した心の状態を見いだすことができたのでした。彼は三人の子供のための正当な養育費が先妻に認められることを願い始めました。その養育費は愛情を込めて、喜んで気持よく先妻に与えるべきであり、またそれを惜しみなく与えるならば、そのうち幾倍にもなって返ってくるだろうというふうにも考えました。彼は頻繁に次のお祈りを用いました。

「神は愛であり命です。この生命は一つであって不可分なのです。生命はすべての人々の中に宿り、人をとおして顕現します。それは私という存在の中心に実存します。光が闇を照らす如く、愛と善が悪を滅ぼします。愛の力を知っている私の英知は、すべての否定的条件に打ち勝つのです。愛と憎しみは共に宿ることはできません。今より私は神の光を心の中のすべての恐怖と不安の上に注ぎます。そしてそれらは霧となって消えていくのです。黎明（真実の光）が地の果てより現われ、そして陰影（怖れと疑い）は消え去ります。

神の愛は私を見守り、励まし、私に進むべき道を明らかにしてくれます。私は神的存在へと広がり続けます。私は今、自分のすべての考えとことばと行ないの中に神性を表現しようとしているのです。神の本質は愛です。完全な愛は恐怖を追放するのです」。

数週間のうちに、彼の心の中で内的変化が起こり始めました。そして彼は心のやさしい、親しみのある温和な人柄を取り戻して、精神的に生まれ変わりました。やがて彼の財政的な問題は目覚しく好転し、相当な昇給を得るにいたりました。

そしてこの話は、豊かな結末を迎えることになります。先妻は彼に和解を求め、かつて彼らを結んだ愛のともし火が彼らを祭壇へ呼び戻し、二つの心は再び一つになったのでした。「それ故、神が合せられたものを、人は離してはならない」（マタイ伝第十九章六節）。

富を祈る

これは財政的な豊かさをまちがいなくあなたにもたらす毎日の祈りです。

「幸福が今もいつも私の中に存在している。私は自分の調和、健康、平和、喜びを予見することができる。平和と成功と繁栄の概念が私の心を支配する。これらの考え（種）は生長し、やがて私の経験となる。私はその種をまく人である。種をまくほどに刈り入れん。私はかずかずの神的な考え（種）をまく。それは平和、成功、調和と善意のすばらしき種である。

そしてすばらしい収穫を刈り入れる。

これより私は潜在意識に、平和、確信、均衡、繁栄、調和などの種をまく。これらのすばらしき種がすばらしき実を結ぶのを待とう。願望の種が潜在意識に預け入れられたことを確信する。地中に預け入れられた種が成長することを事実として受け入れているように、潜在意識に預けられた種が同じように成長することを信じる。私はそれが暗闇の中で静かに成長しているのを知っている。間もなくそれは、草木の種がそうなるように地表に出てきて（客観化されて）よい環境となり好条件となり、よいできごととなってくる。これが私に豊かな財政的供給をもたらす真実のより所である。

無限の英知はあらゆる方途で私を導き制御する。私は偽りのない、真実の、公正な、愛すべき、善意の、すべての知らせに耳を傾け、考える。神の力は私のよき思想と共に表わされる。私は平和である。なぜなら私は無限に豊かだからである」。

「最後に兄弟たちよ。すべて真実なこと、すべて尊ぶべきこと、すべて正しきこと、すべて純真なること、すべて愛すべきこと、すべてほまれあること、また徳といわれるもの、称賛に値するものがあれば、それらのものを心にとめなさい」（ピリピ人への手紙第四章四節）。

この章の要約

（1）生命の真実の富は、あなたの潜在意識の深い所にあります。宝庫はあなたの中にあり、そこからおびただしい富を目的にあった正しい祈りによって引き出すことができます。

（2）賢明な妻は夫の愛人に力をもたせないものです。賢明な妻は夫の心の病を理解し、愚かな妻は不満を抱いて神経質に陥り衝動的になります。賢明な妻は何にもとらわれず素直に夫と話し合い、その問題をみつめながら自分の道を見いだします。

（3）富は心の状態です。信念、確信、熱心さ、情熱、自分自身を信じることなどが、そのうち健康、成功、富や達成などに変換されていきます。貧乏に打ちひしがれていた少年が、後に有名な外科医となったのも、彼の父が少年の晴れの日のために銀行に多額のお金を預けてあると彼が信じていたからですが、実際には最初から一文もありませんでした。思想と感情の力を知って、あなたの人生を変換してください。

（4）あなたの考え、心の中の像、信じていること、心の態度や感情、それらはみな、あなたが潜在意識の中に投資している財産です。あなたの潜在意識はそれを生かして複利を生みます。すなわち、潜在意識は、あなたがその中に預け入れるものを何でも増殖します。あなたの潜在意識に、愛、確信、正しい行動と規範、富裕、安泰、よい感情などを刻み込みなさい。そうすれば潜在意識は愛を、確信を、問題にあたっては解答を、必要なときにはいつでも、あなたにもたらすでしょう。あなたがあなたの中の金鉱より財宝を掘り出す方法です。

（5）あなたに許されているただひとつの好機は、あなたが自分でつくり出す好機だけです。あなたがもしも他人の豊かなさまを見て憤ったり、またはだれかに幸せが訪れないことを願ったりしたら、あなたは自分で自分を傷つけるばかりでなく、あなた自身から生命の富を奪い取ってしまうことになります。あなたはあなたの世界の中で唯一無二の「考える主体」なのです。あなたが考えることを、あなたは創造します。すべての人が豊かに幸せになるように願って、あなたの富を築きなさい。

第6章　一割献納《タイス》の不思議な力

タイス（tithe）ということばは十分の一という意味で、それは大昔から宗教的な目的のために神に捧げられてきた、人の所得に対する割合のことです。古くはバビロニアからローマ時代までの人々が、田畑からとれた作物や育てた山羊の年産の十分の一を神へのいけにえとして捧げました。

この一割献納について聖書の中ではまちまちのことが述べられていますが、これはもともとその一般的な原則がいろいろな地方で違った方法によって実施されたために生じたものであります。またそのとき、その地方の宗教組織や統治者の圧力によって変えられた規定に従って実施されたためと解釈されます。

この一割献納は生活の基礎的な規律のひとつですが、その実践は非常に古くまで遡《さかのぼ》ります。農夫は収穫を得るために一割献納をしなければなりませんでした。捧物はとれた米、とうもろこし、大麦、小麦などの十分の一で、彼らはそれをばらまいて土に戻しました。さもなくば先の収穫は望めないとされていたのです。

あなたの富についての一割献納の手近な例は、あなたのお金、土地、株券、債券あるいはいろいろな物質的富のある一定額を、真理の伝播のために、通常それは永遠の真理の伝道に携わる宗教団体や事業団体を支持することですが、そのために貢献するべく分け与えることです。

一割献納の真実の意義

一割献納は、あなたが真理の伝播やあなたの好む精神的活動を支持するための献金のことばかりではありません。これを突きつめていくと、とどのつまりは、あなた自身のことや他の人々のこと、または世間一般のことで、事実としてあなたが心に受け入れること、すなわち、あなたの信念、確信、信頼、評価などがその意義の帰するところです。あなたがあなた自身について、自分の力について、神について意識的に真実として心に受け入れて信じることとは、すべてあなた自身の潜在意識の宝庫に対して捧げる明確な支払い額となります。

無限の英知（神）は、あなたの思考の性質に応じて返答します。また神は、あなたの思考、心像、信念などをとおしてでなければ、あなたのために何ひとつ成そうとするものではありません。神は、宇宙とそのすべての物を造った創造主です。あなたもあなたの中に潜むその力と知性を引き出して、幸福に満ちた豊かな人生へと歩み出しなさい。そうすれば同時にあなたは、他人の富と繁栄と成功と幸福に貢献することにもなるのです。

一割献納の魔法を発見した弁護士

友人の弁護士が手掛けている問題を話してくれたとき、私は彼にこの一割献納の精神的意義について説明しました。この弁護士はある依頼者の代理人としてニューオーリンズへ出かけることになっていました。その依頼者が彼に話したところでは、先方（弁護士が会おうとしている人）は好戦的で意地が悪く、はなはだ非協力的で、全く手におえないということでした。

私は、この弁護士に一割献納することを勧めました。すなわちそれは、先方の心に神の考えと理解が宿って、先方の判断と決定は神的に下されるであろうということ、また、それによって両者間に協力的で神的なまちがいのない解決がもたらされて、それは当事者すべてに満足がゆくようなものとなるであろうということ、それらを身をもって感じることでした。

それで、彼は旅行に先立って、ニューオーリンズでの先方との話し合いにおいては、調和と愛と平和と理解がこのうえなく行きわたり、満ちあふれたものとなるよう、絶え間なく祈り続けました。するとその会合は、実際に最高の協力的雰囲気と懇切と温情に満ちあふれたものとなり、この一件は関係者すべてが満足する法的、財政的な解決をみたのでした。

ある作用を起こせば、それに対して必ず反作用が起こるのが宇宙の不変の法則です。あなたの考えがその作用であり、反作用は潜在意識の反応なのです。

特に留意したい最も重要な点は、さまざまなインタビュー、取引、商業活動などに先立つ観念（一割献納）は、そのインタビュー、取引などの事実、実際そのものであるということです。先の弁護士は、「人がなすすべてのことは、そのことについてのその人の信念や仮定が実際の明暗と色彩をほどこす」という真理をすみやかに会得したのでした。

営業部長に起こった奇跡

私の講演に出席したことがあるさる会社の営業部長が、いつか私に、彼が二百人の営業部員を前に販売についての話をするときはいつも、前もって一割献納していると話してくれました。一時間のスピーチをするときは、その十分の一の時間を神（潜在意識）に捧げるのです。一時間は六十分ですから約六分間、セールスマンたちに向かって話をする前に、瞑想し祈りを捧げます。彼のお祈りは次のようなものでした。

「私の心と体は、神の知性と愛と力に満ちている。すべてのセールスマンは正しく導かれ、士気を鼓舞され、新しいアイデアを受け入れようとしている。私が話す間、私は天から照らされて霊感を与えられる。そして私は、セールスマンと顧客とすべての人々に恩恵をもたらす独創的で生産的なアイデアを供給される。無限の英知は私をとおして考え、話し、行動する。私の話を聞く人は、温寵の父である神よりいっさいの善と完全なみ恵みとを豊かに与えられる」。

この営業部長の話では、彼がそのわずかの時間を神に捧げ始めて以来、今までになくすばらしい話をし続けてきているとのことでした。そして彼のその卓越した手腕が積み重ねられた結果、最近彼はその億万ドル会社の取締役副社長になりました。

ある重役の一割献納

ある会社の重役が、最近私にこんな話をしてくれました。彼の会社のお得意の一つで化学製品の研究材料を納入しているある会社が、行き詰って支払いに応じられなくなり、彼の会社に一万ドルの負債をつくってしまい、それをだれも取り立てることができないのでした。

ある日彼は、その会社へ行き、先方に自分が日頃抱いている確信を伝えたのですが、そのときのことを彼は次のように話しました。「私は彼に、われわれは皆、彼を信じ、信頼し、やがて彼が負債を全部支払えるようになると思っていることを知らせました。私は彼を夕食に招き、われわれは彼の廉直《れんちょく》と誠実さを尊敬していること、またここ二十年以上ものわれわれとの取引で、彼はいつも迅速、正確であったことなどを告げました。更に、彼に対するわれわれの信頼はけっして失せるものではなく、私個人としても彼の発展と拡充と繁栄を祈っている、とつけ加えました」。

一週間が過ぎて、彼はその顧客から一通の手紙を受け取りました。それにはこう書かれていました。「私は今まで会社の倒産を予期していたのですが、あなたは私に自信を取戻させてくれました。そして私は再びこの仕事をやりとげる自分の能力を信じるようになりました。すると潮の流れが私の方へなびき始め、今まで支払いの遅滞していたお得意が私に支払ってくれるようになりました。そうしてただ今、あなたに全額お支払いできることになりました！」。

その重役はこの人を賛美し、尊び、この人の魂を高揚したのです。それによってこの人の心はその重役の信頼に応えることになり、財政的な問題はそれに相応して解決されたのでした。

美を求めて一割献納した画家

ある画家がいつか、美のために一割献納することによってすばらしい結果を得ていると私に話してくれたことがあります。彼は規則正しく、このように唱えていました。

「神は表わしがたい美、絶対の調和、そして惜しみない愛である。無限の存在の限りない美が、荘厳とすばらしさをきわめて私をとおして流れてくる。私の手は、画面に美と秩序と調和と正しい比率とを神的に表わす。画面にとどまるひとふり、ひとふりの色と形は、永遠の美となり喜びとなろう」。

彼は美の観念を一割献納として潜在意識に捧げました。潜在意識はそこに植え込まれたことは何でも、拡大し倍加します。彼の潜在意識は植え込まれた美に反応し、彼によい絵をかかせたのですが、彼の絵が非常に高い値でどんどん売れているのは当然のことでしょう。

愛のための一割献納

カリフォルニアに一人の定年退職した教師が住んでいました。彼女がいつしか、非常に多くの定年退職者が、自分たちがどんなに寂しい目にあっているか、また低い年金のために旅行に出かけることも、したいこともできず、どんなに不幸せな思いをしているかを絶えず口にしているのに気がつきました。彼女はそのような限定された考え方、心の状態には断固陥るまいと決心しました。そして幾晩か祈りの時間に、次のように唱えました。

「神よ愛が私の魂を満たしています。私はその愛と善意を周囲の人々と私が会うすべての人々に向かって放射します。神の愛が調和、友愛、富となって私をとおして流れ出ます。神は私の羊飼い（訳者注・キリストは自分を羊〝人類〟を守る羊飼い）にたとえたのです。私は愛に、美しさに、友情に、そして財政的にけっして不足することがないでしょう。神は私に答えてくださいます。私は深く感謝します」。

数週間たって、彼女はある裕福な女性の旅行に通訳として同伴することを頼まれました。その旅行は非常に広範囲にわたるもので、またフランスとドイツとスイスではビジネスに携わることが含まれていました。以前は教えることだけに限られていた彼女のフランス語とドイツ語の知識は、たいへんな資産となり、後に彼女はすばらしい報酬を受け取りました。彼女は私宛の手紙にこう書いてきました。「私は今の人生の最高の時を過ごしております。こ の仕事を引き続きずっとすることに決まりました。彼女が、私がいないと困るといってくれています」。この婦人は他人の幸せを願って一割献納することにより、予期をはるかに越えて豊かに報いられたのでした。彼女の秘訣はあなたの秘訣でもあります。

与えることと受けることの法則

愛と善意を人に与えれば与えるほど、あなたはそれらを受けることになります。一割献納の法則は、私たちが人に与えるものは何でも——それがよきにつけ悪しきにつけ——私たちに必ず返ってくる、また返ってくるときは、しばしば数倍に大きくなって戻ってくるその関係のことです。類は友を呼ぶということ、そしてあなたが自分の潜在意識に蒔くことはどんなことでも、やがて自分を取り巻く環境や経験やできごととなって空間というスクリーンの上で刈り取るようになること、これこそは不変の法則なのです。

惜しみなく喜んで与えなさい

献金の額は十分の一である必要は全然ありません。聖書の説く十分の一とはひとつの割合であって、それはあなたが惜しみなく喜んで与えたいと心の中で思う金額でいいのです。たとえば毎日曜日、あなたは自分の属している精神的な活動に五ドルを献金しているとします。その五ドルは、惜しみなく喜んで、豊かな気持で与えることができるものでなくてはなりません。また神は永遠の供給源であり、神をとおしていつでもどこでも自分の必要とするものは満たされるという気持があることもたいせつです。もしもあなたが、その五ドルを献金するときに、喪失、欠乏などの感情にとらわれたら、それは真実の一割献納にはなりません。しぶしぶ献金したり、恐れや義務感からそうするのでは更に意味がありません。それどころか、そのような精神的な態度は欠乏を引きつけることになるのです。

一割献納は殖える

あなたが定期的に献金するとき、まず心から献金したいと思う額を決め、そしてすぐ、静かに自分だけが聞こえるほどの声を出して次のことを唱えなさい。

「このお金を惜しみなく分け与える。神はこれを非常に大きく殖やす」。

そうすることによってあなたは、潜在意識の中に非常に大きな富の観念を預け入れることになります。そしてそれがあらゆる方面であなたの富を増大させてくれるようになります。

このことについて述べた聖書の一節を引用します。「与えよ。そうすればあなたにも与えら

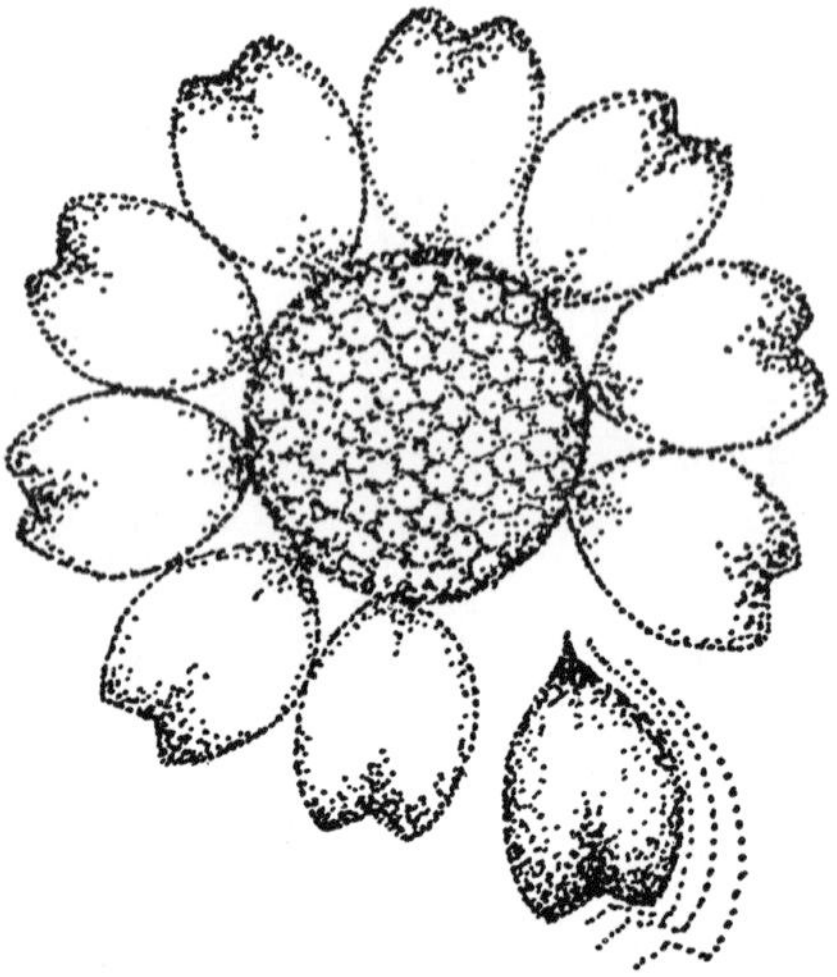

れるであろう。人々は、押し入れてはゆすりあふれ出るまでに量をよくして、あなたのふところに入れてくるであろう。あなたが量るその量りで、同じくあなたも量り返されるであろう」（ルカ伝第六章三十八節）。

富を殖やす鍵

定期的に価値ある目的のために分け与えなさい。それにはいかなるひもも付けてはなりません。心から喜んで与えることができる金額を寄付するとき、あなたは健全な財政的立場で真実の一割献納をしていることになります。この正しい積極的な態度で出発するならば、やがてあなたには、喜んでもっともっと与えたいと思う自分に気がつきはじめるでしょう。なぜならあなたの収入は与えることと受けることとの法則に従って、どんどん増大していくからです。

あなたは自分の贈物を祝福し、それを喜びと共に放ちます。するとあなたの潜在意識はそれを数千倍にもしてくれます。これが真の一割献納する人々の、富を増大させる鍵です。そのような人々は、たとえこのことに気がついていなくても、無意識のうちに自分たちのために働く無限の心の法則を有効に生かしているのです。

供給を求める一割献納

あるビジネスマンが最近私に次のようにいいました。「世界中にはお金があり余っています。何でもあります。そして私は自分の潜在意識の中に今までに一度も目覚めさせたことのない、限りない資源が眠っているのを知っています。私は供給を求める一割献納として、この文句を頻繁に唱えています。『神はいつも変わらぬ私の供給源である。それは私のすべての必要物をすぐに補ってくれ、その富の流れはやむことがなく、とどこおることがなく、終わることがない』」。彼はこの一割献納を繰り返すことによって富が雪崩のごとくに彼に押し寄せてくる様子を潜在意識に運び込みました。これはまた、あなたにも有効な財政的成功へいたる道です。

一割献納していたが繁盛しなかった例

あるとき、ある男が私に話したのですが、彼は教会に規則正しく一割献納しているのに少しもうまくいかなかったというのです。話を聞いているうちにその理由がわかりました。彼は毎週の献金を完全に自分から納めていませんでした。実際、彼は教会へ献金を納めることが、自分の血でも取られるように感じていたのです。彼の心は喪失感でいっぱいでした。この私との面談の後、彼は精神的な態度をあらため、以後豊かな祝福と喜びをもってそれを捧げることにしました。そして間もなく、彼は増大の法則を身をもって知ることになりました。

欠乏を願って一割献納していた男

私の知っているある男が苦々しく次のような文句をいいました。「私はニューヨークのある宗教団体で毎日曜、多額の献金をしています。ところが私の経済生活は、いつもどうやってやりくりしようかと困っている状態です」。

彼の話を聞くうちにわかったのですが、彼は長い間、「自分は見返りに何も期待しない。与えたからといって代わりに何かを求めているのではない」という態度だったのです。聖書はいっています。「人が何かを心の底で決定するなら、それは事実となるであろう」と。彼は自分の潜在意識に「何もいらない」という命令を下したため、潜在意識は盲目的にそれに従ったのでした。

私は彼に、せっかくの善意が中和されてしまっていること、たとえば地にひとつの種を蒔き、少したったらそれを掘り返してその成長を妨げているのと同じようなものだということを説明しました。農夫が地に種を蒔きます。彼はやがて作物を刈り取るようになります。この土の法則は心の法則と同じであることにこの男は気づきました。彼は、富の法則が自分のために働いてくれることを期待し始め、そして彼の財政状態はおびただしく改善されてゆきました。

人に一割献納するときの知恵

あなたの親戚の人、あるいは貧乏な人にお金を与えるときは、よくよく注意する必要があります。彼らが自分自身を救おうとするのを助けるのは全く良いことですが、その場合あくまで、彼ら自身が自分の足で立ち、自分の問題を能力のベストを尽くして自分で解決しようとする主体性と自主性を奪ってはなりません。人は助けをあまりに簡単にそして頻繁に得るとき、他人に対する依存性が強くなり、結局は人におぶさり、めそめそと哀れっぽいことばをもらすようになるのがおちです。あなたが彼らに与えることができるものの中で最もすばらしいものは、繁栄をもたらす思考方法についての知恵です。

しかし不適切な与え方をして、彼らの隠れた才能や能力を表現するじゃまをしたり、阻止したりすることがあってはなりません。もしもあなたが不適切な助言を与えた場合、受けた人が怒り出してしまうこともあります。その人は自分が義務を負わされたように感じ、またあなたがその人について欠けたところがあると思っていること、それをあなたが憐れんでいることなどをその人が悟るからです。また彼は、自分も本来あなたと同じように自分の力で豊かになり幸せであるべきなのに、今あなたの厄介になろうとしていることに罪の意識を抱きます。こうして心の内では深い自責の念にとらわれ、助言を与える人に対しては妬み憤る結果となります。

そのような人には心の法則と天の秩序についての知識を与えなさい。そうすれば彼はけっして他人に一椀のスープや古着の施しを求めたりしなくなります。なぜならあなたは彼の中にある無限の宝庫へいたる能力を解きほどくのであり、そして彼はその宝庫のあらゆる富が自分のものになるのを待っていることを知るからです。

一割献納と日々の幸福

毎日一割献納することを試みなさい。先のことのためにそれをなし、すべての人のために愛と親切、友情と微笑み、信頼と熱意と善意とを温かく放ちなさい。それが「一割」である必要はありません。これらは割ったり掛けたりする性質のものではなく、どれも永遠の、時間を超越した、限りなきものです。このようなあなたの中の神の属性は、けっして年をとるものではありません。その上、愛、優しさ、善意、真実、優美、平和、喜びなどは不足してなくなるものではありません。すべてこれらは神のものであり、時間を越えて変わることのない永遠の光です。この世のすべての徳を百分率をもとに計ったりすることはできません。富でさえそうです。しかし富に対して程よく一割献納をするという態度をとおして、富をあなたのもとへと流れてくるようにすることができます。

天の富を人々に注ぎなさい。励ましと信頼と希望と感謝を人々に与えなさい。あなたがそのようにして一割献納を続けるとき、神は豊かなみ恵みを、押し入れてはゆすり、あふれ出るまでたっぷりと、あなたの上に注ぐでしょう。

「十分の一を私の倉に携えて来なさい。それをもって私を試み、私が天の窓を開いて、あふるる恵みをあなた方に注ぐか否かを見なさい、と万軍の主はいわれる」（マラキ書第三章十節）。

この章の要約

（1）一割献納とは、収入のある割合を真に神と神聖な目的のために捧げることです。一割献納はまた、あなたの内にある宝庫、すなわち潜在意識に与えるあなたの信念、確信、自己評価を意味します。その宝庫こそあなたの財政的な供給の根源です。

（2）人間関係の問題に処するとき、神の意志がその人の心の中に宿り、協調的で神的な解決が双方にもたらされることを身をもって感じ取りなさい。これが協調的な人間関係を結ぶための一割献納です。

（3）スピーチや会議に先立って十分の一の時間を祈りと黙想することに捧げなさい。神はあなたに霊感を与えます。すると不思議なことがあなたの生活に起こるでしょう。

（4）だれかに対するあなたの信頼を、その人に移し込むのも一割献納のひとつです。あなたがその人を信じ信頼していることをあらゆる方法で知らせなさい。それに応じてその人は返答するでしょう。

(5) 美のためにも一割献納ができます。それは神の表わしがたい美が、あなたをとおして現われ出ようとしていることを知り、そしてあなたの作品が見る人を感激させ、人々の心を高めようとしていることを感じとることです。

(6) 愛についても一割献納することができます。神の愛があなたの魂に満ちあふれていることを知り、人々に愛と善意を放射するのです。やがてあなたの生活にかずかずの奇跡が起こります。

(7) 愛と善意を人に与えれば与えるほど、あなたはそれらを受けることになります。しかも返ってくるときには非常に大きくなっているものです。このことはまた、お金についても同じです。

(8) 惜しみなく喜んで豊かな気持で与えなさい。そうすればおびただしい富が必然的にあなたのものとなるでしょう。

(9) 献金するときは、寛大な気持ですること。そして次のように唱えなさい。「このお金を惜しみなく譲る。神はこれを大きく殖やす」。

(10) あなたが心から分け与えたいと思う額を定期的に捧げなさい。そうすればやがてあなたは、収入がどんどん増えていくのに気づくでしょう。

(11) 財政的供給を得るための一割献納。「神はいつも変わらぬ供給源である。それは私のすべての必要物をすぐ補い、その富の流れはやむことがなく、とどこおることがなく、終わることがない」。

(12) 献金するときは喪失感、欠乏感があってはなりません。人々の幸福を祈りながら、豊かな気持と喜びをもって分け与えなさい。

(13) ちょうど農夫が収穫を取り入れるのと同じように、あなたのために働く一割献納という自然の法則に期待しなさい。

(14) あなたが他人に分け与えることができるものの中で最もすばらしいものは、繁栄をもたらす思考方法の知識です。その知識を得た人は、生涯不幸せを嘆くことがないでしょう。

第7章　富める者はますます富む

真に富める人々とは思考することがもっている創造力について知っている人々であり、また豊富と繁栄の思想を絶えず強く潜在意識に印し続けている人々のことです。そしてその潜在意識が、彼らが考える物事を彼らの経験の世界へと客観化させているのです。

富める人々に共通した考え方は現象から物事を考えようとしないということです。それは彼らが「持続される創造的思考は現象の世界に顕現しようとする」ということを知っているからです。

また富について考える場合、欠乏と貧困の状態から出発する際は意識を集中して考え、それを維持することが必要ですが、すでに鍛えられ、この思考法を営々と実行している人は、必然的に富を手に入れ、欲するものを何でも手に入れることができるものです。

聖書はこういっています。「持っている人にはなお与えられ、持っていない人からは持っているものまで取り上げられるであろう」（ルカ伝第十九章二十六節）。これを別のことばでいえば、「富める者はますます富み、貧しき者はますます貧する」となります。

すべての経験の根源である心の限りない富に注意を払う人は、ますます富みます。地に落とされた一粒の種はやがて数百もの種を生むように、あなたの富の種（考え）はやがてあなたの経験となり、おびただしく倍加されてその姿を現わします。

生活態度と収入の関係

最近ある不動産業を営む男が私に話したのですが、彼は以前、お金をはじめすべての供給物は限定されたものであり、特に国の富は大富豪たちの一族によって占められ、支配されてしまっていると考えていました。彼はそのことを思ってはよく憤慨していました。

ところがある日彼は、自分のものの考え方の誤りに気がつきました。そして自分の片寄った考え方の積み重ねが、自分への富の流れを自分で妨げていることを悟りました。

彼の私への手紙の一部を紹介しましょう。「親愛なるマーフィー博士、私は先生のご指示に従いました。自分の心より競争の意識を抹殺しました。そして創造的方向に向かうことを決心したのです。世界中の地の下にははかり知れない黄金が、未だに発見されないまま眠っています。それに、科学者がやがては金や他の金属を人工的に造り出すようになる日がくると私も思います。

私は他人にきつい値切りを強要したり、買い占めて人を窮地に陥れたり、人の無知や知識不足に乗じて自分が得をすることをやめました。他人の富を欲しがるのもやめました。他人から何物もとり上げずに、自分は何でも手に入れることができるのだと心に銘じました。

私は人と競争するのではなく、人と協力して事を運ぶ製作者になりました。

私は次のお祈りを約三ヵ月唱え続けました。『神の限りない富は、私がそれを使うのと同じ速さで私のもとに流れてくる。そしてだれもが日ごとに豊かになっていく』。この新しい態度が私の生活に奇跡をもたらしました。この三ヵ月のうちに私の収入は三倍に増えたのです！」。

億万ドルの公式

大規模なドラッグ・ストアーのチェーンを築いたある実業家は、非常に精神生活を重んじた人でした。彼はビルの一室で小さな薬局を開いて仕事をはじめ、そのみすぼらしいスタートから、結局何千もの人を雇う億万ドルの事業を経営するようになりました。ある日、二人で昼食をとったとき、彼は財布から小さなカードをとり出し、私に渡しながらこういいました。「これは私の百万ドルの公式です。私はこれを二十五年間も朝晩使ってきました。これを私はずい分多くの人にあげました。中には実際に百万長者になった人も何人かいますし、そこまでいたらない人でも、必要な財産をじゅうぶんに得て、自由に使いながら幸福に暮らしています」。

これが彼の公式です。

「私はけっして不足することのないすべての富の永遠の源を認めます。私はあらゆる面で神的に導かれ、すべての新しいアイデアを採用します。無限の英知は人々のために奉仕するよりよい方法を、絶え間なく私に示してくれます。私は人を助け、人に恵みをもたらす品物を世に送り出すよう導かれています。そう明で、誠実で、信頼できて、才能豊かな男女を私は引きつけます。彼らはみな、平和と繁栄と私たちの事業の発展のために貢献します。

私は最高の品質をそなえた製品と、最大の奉仕を提供することによって百万の富を引きつける、抗しがたい力をもった磁石です。私は絶えず富の本質である神と調和します。無限の英知は私のすべての計画をつかさどっていますから、私のすべての成功は『私が手がけるすべてにおいて神が私を導き始める』という真理によるものとします。私は、身心ともにいつも変わりなく平和です。私は神と一体です。神は常に成功します。私は成功するはずです。そして、私はただいま成功しようとしているところです。私はこの事業の細部にいたるまでの欠くのことできない要求を把握しています。私は周りの人々とすべての社員に愛と善意を豊かに与えます。私の発展と幸福と繁栄は彼らによってつながれています。私は心を神の愛と力で満たします。私は神を賛美し、敬います」。

ある男の挫折と再出発

ある不動産のセールスマンがいいました。「どうにもうまくいきません。私は朝から晩まででいっしょうけんめい働いているのですが……。お客は私が用意した家や土地を見てはくれても買ってくれないのです。他のセールスマンはみな、毎日どんどん契約を取っています」。

彼の障害は心の奥深い所にありました。彼が特に注意を払って打ち勝たねばならなかった有害な感情、それは嫉妬《しっと》でした。それが彼のセールスの不成績と、自身の経済生活の双方を滞らせる原因となっていました。彼は間もなく自分でもこのことを認めたのですが、他のセールスマンたちが多大のコミッションを取っているのを見て、非常に妬《ねた》み、不愉快に思っていたのでした。

彼は私の説明で、他人を妬む感情が、悪いことの中でも最悪の感情であること、そのためには彼は非常に否定的な状態に陥っていたことを理解しました。彼がこのような心の姿勢でいる限り富は彼へ流れてくるどころか、彼から流れ去るばかりだったでしょう。彼はやがて発見したのですが、このような感情の状態を癒《いや》す方法は、今まで彼が妬んできた仲間たちの幸福と繁栄を祈ることでした。

彼は次の祈りをよくかみしめながら頻繁に繰り返して唱えることによって、完全な心の回復を得ました。

「需要と供給の完全な法則があることを私は知っています。私はすべての業務においてこの黄金律《おうごんりつ》を実践しています。私の心は平和です。私が何かを売ろうとすること、それはすべて神的知性のアイデアです。私の中にすべての知識の源があります。私がいま必要とするのは何であるかわかります。私が売ろうとすること、買おうとすることは、私の中の神的知性のアイデアの交換であることを認めます。相互の満足と調和と平安が保たれています。価格は適正です。人々がいうことも正しいことです。すべては完全な秩序の中に保たれています。私は真理を知り真理を理解しています。私は自分の内で神が活動しているのを感じています。私が必要とするすべてのアイデアは、完全な秩序と調和をそなえて私の中でほどかれます。私は神的アイデアを授かって喜びます。それを私は同胞に与えます。平和はいまや私のものです。神的知性に遅滞はありません。私は幸福を享受しています」。

彼のように完全な精神的、財政的変換をとげた話はめったに聞きません。彼は会社で最高の成績をおさめるセールスマンの一人になりました。より親切な、より高尚な、優しくおもいやりのある人になりました。彼の親切と温かさは本物でした。セールスの引き合いが彼のもとに殺到するようになりました。彼は他人の幸福を願ったことが、結局自分に幸福をもたらすことになったのを発見し、そしてすべての劣等感に打ち勝ったのでした。

昇進の原理

私の友人のあるエンジニアは、会社の従業員のために昇進の原理を使っていました。会合のとき彼は、社員に向かいいつも決まって「会社の発展をみなで分かち合おう」、また「勤勉に協調的に働く者はどんどん昇進させる」と話しました。彼は「仕事は梯子《はしご》のようなものです」といいます。それは熱心で勤勉で喜んで働く気概のある者が富に向かって登る梯子である。だから、もし登らないならそれは登らない者の責任だといっています。

全従業員は折々に会社の発展情況を知らされ、四半期ごとに利益が別に分配されました。彼の会社は、数年の内に、従業員を全く替えることなしに猛烈な発展をとげ、全員一丸となって協力する産業集団になりました。従業員間の競争よりも、協力の精神がまさって効果を現わしたのです。いまや、新しい引き合いがどんどん寄せられ、新しい支店は開かれ、四方八方からこの会社に富が押し寄せています。

富の意識にはいる

あなたが現在経済的に窮屈な状態にあるとすれば、その原因はあなたの心の状態にあります。すべての資源と無限の富とがあなたの意のままに利用しうる状態にあり、そして、それ

らはあなたをとおして表現しようと請い願っています。

多くの人々は富を捕らえようと追いかけること以外に、富をわがものとする方法がないという観念にとらわれています。

もしも他人の繁栄と成功とすばらしい富があなたをいらだたせ、あなたに妬《ねた》みの感情を抱かせようとしたら、すかさずその人々を祝福しなさい。そして彼らがあらゆる方面でより成功し、よりいっそう繁栄するように祈りなさい。そうすることによって、あなたは自分自身の心の状態を癒すことができます。そのような方法で祈り、人生の梯子を高く登っている人々に対して、またはあなたより明らかに豊かな状況にある人々に対して、あなたが心からの祝福を与えるとき、あなたはすべてを所有し、他人にさまざまな形の豊かさを分け与えている富める人の豊かな心境にはいっていくことになるのです。

言い換えれば人を祝福し人の繁栄を願うことは、あなたを祝福し繁栄させることと同じです。これが富める者はますます富み、貧しき者はますます貧する原理です。貧しい人は通常嫉妬深く、人を憎みやすいものです。このような否定的な感情がますます収入の道をはばむことになります。豊かにならないこと、それは運が悪いのではなく、ひとえに、自分自身からそれを奪い取る心の状態によるものです。

宇宙の銀行

あるセールスマンが新しい仕事を得て、そのために車を必要としていましたが、彼には車を買う余裕がありませんでした。しかし、彼は精神という銀行からお金を引き出す方法を知っていました。

彼はその仕事を得てから家に帰ると一人自分の部屋にこもり、欲しい車の型を決め、それをあたかも自分が手にしているような感情にひたりました。彼は、「私はそれがすでに自分のものであると確信しました。私はハンドルを回す感触を味わい、ハンドルカバーを手でなでました」といいました。

そのうち彼は同じアパートに住むある男と知り合いになったのですが、その人は六ヵ月間滞在のヨーロッパ旅行に発つところでした。そして彼にこういいました。

「私が帰ってくるまでこの車を使ってください。その間にご自分の車を買うことができるでしょう」。

その人の車は以前に彼が心に描いたのと全く同じ作りの同じモデルの車でした！ 六ヵ月とはいえ、彼はただで心に描いた車を使うことになったのです。その人がヨーロッパから帰って来るずっと前に、彼は車を買うじゅうぶんな資金をためていました。彼は自分の内にいつでも自由に富を引き出せる銀行があって、その供給は終わることなく無限であることを知っていたのでした。

「あなたに御国を与えることはあなたの父の喜びなのである」（ルカ伝第十二章三十二節）。

嫉妬と憤慨に打ち勝つための祈り

「すべての人は私の兄弟です。私たちすべては共通の父をもっています。私はだれに対しても健康と幸福と富裕と生命のすべての恵みを望みます。私は心からそう望みます。私が他人に対して願うことは自分に対して願っているのと同じであり、他人を祝福するのは自分を祝福しているのと同じことであることを知っています。

神の愛がすべての人類のために私をとおして流れ出ます。私は私より豊かな人の幸せを祈ります。私を非難し咎《とが》める人の幸せを祈ります。私は私と共に働くすべての人が成功して繁栄することを喜びます。私は心の窓を開いて天の富を招き入れます。天の富がすべての人々の心の中にみなぎることを祈ります。天の富に感謝を捧げます。豊かなることはすばらしいことです」。

この章の要約

(1)富める者はますます富み、いっそうの幸福を引きつけるようになります。それは彼らが神の無限の富で心を満たしているからです。喜びをもって富を期待し、それを受け入れる準備ができたとき、お金はあらゆる角度からあなたへと流れてきます。

(2)競争の観念はあなたの供給に限界をきたします。製作者となり協賛者となりなさい。だれからも、何をも奪うことなくして欲するすべての富を手に入れることができることを知りなさい。空気がなくなってしまうことはないように、宇宙の無限の富もなくなることがありません。

(3)あなたはあなたのビジョンがおもむくところにいたります。あなたが達成したいことを心に描きなさい。そして感情を込めてそれを育みなさい。そうすればその絵は現実となります。

(4)富を阻む障害は心の奥深いところにあります。他人を妬むことは富の流れを阻むばかりか、悲惨と窮乏を引きつける原因となります。

(5)他人の幸せを豊かな気持で祝福しなさい。それは同時にあなたが自分を祝福していることを意味します。

(6)あなたのビジネスを社員がだれでも富に向かって登ることができる梯子にしなさい。彼らを豊かにすることによって、あなたもいっそう豊かになります。

(7) あなたの潜在意識は銀行です。何かを必要とするとき、たとえあなたにお金がなくとも欲するもののはっきりとした心像を描き、その真実味を感じることはできます。そうしているうちに、全く予期しない方法で、それは現実のものとなるでしょう。

(8) 同僚が成功し、繁栄するのを見て喜びなさい。すべての人の心に天の富がみなぎるようにと毎日祈りなさい。

「人が富を得る時も、その家の栄えが増す時も、恐れてはならない」(詩篇四十九篇十六節)。

第8章　富をつくる

天地万物の主宰者の贅沢《ぜいたく》をきわめた創造物を見るにつけ、私たちはこの世にさまざまな物がどんなに豊富にあるかを感じずにはいられません。天地は限りなく豊かで、途方もなく贅沢ですべてにわたって鷹揚《おうよう》です。私たちはおのおのどんな人生を送ろうともだれもこの無量の感慨にひたるものです。生命の法則は私たちの日々に必要とする糧をはるかに越えたこの限りない富を私たちにもたらそうとしています。

「地と、それに満ちるものは主のものである」と詩篇（二十四篇一節）はいっています。この世に存在するただひとつの欠乏は、人の強欲、利己主義、恐怖、悪用などのためによるものです。大自然の富が正しい賢明な方法によって培われ、分配されたならばすべての人が生活に要する物的富はじゅうぶんに補われてなお余りがあるのです。

類は友を呼ぶ

何年か前に、私がオーストラリアのシドニーで潜在意識の奇跡について一連の講演をしていたときのことでしたが、そこのある歯科医が非常におもしろい話を聞かせてくれました。この歯科医が開業した頃、彼の心は非常に乏しいものであったため、その貧乏意識が友を呼んで彼の患者はみな乏しい意識にとらわれたつつましい人ばかりだったとのことでした。これは彼が自分の生活に物資的富をもたらした方法です。ある晩、私の「心に像を描くことの力」についての講演を聞いた帰り道、彼は自分の周りがポンド紙幣でいっぱいに満たされているところを想像し、その紙幣がぎっしりと積み重ねられていることを感じ始めました。彼の心に描かれた絵はちょうど家の外にたっている樹木を見るようにリアルで鮮明だったと彼はいっています。彼はまたポケットを想像の紙幣で満たしたりしました。彼がいうには、それらの紙幣は手に触れられ目に見えるほんとうの紙幣のように思えたそうです。やがて彼は突然、次のことを悟るにいたりました。それは信仰と理解力をもち、神の豊かさについて自らすすんで考察しようとする人ならだれでも引きつけ、利用することができる無限の富があるということでした。

このことがあって以後、彼のところへはしだいに有力者や豊かな人が訪ねて来るようになり、そのうちに自分ではとても扱いきれない大勢の患者がおしよせて来るようになりました。以前の彼の倹約に徹した窮屈な生活態度が、豊かな人々を遠ざけることになっていたのでした。彼は心の中の思考と映像の力が、あらゆる種類の目に見える実際の富をもたらすのだということを発見しました。

思考はすべての物の始まり

たとえば、あなたはオルガンかピアノが欲しいとします。私は、あなたがすることはただピアノやオルガンの絵を心に描くだけだ、といおうとしているのではありません。それにまた、その楽器が何の手もかさずにあなたの部屋に運びこまれるようなことはあるはずがありません。

ところで、あなたはピアノを練習するためにそれを必要とし、しかも買うお金がないとし

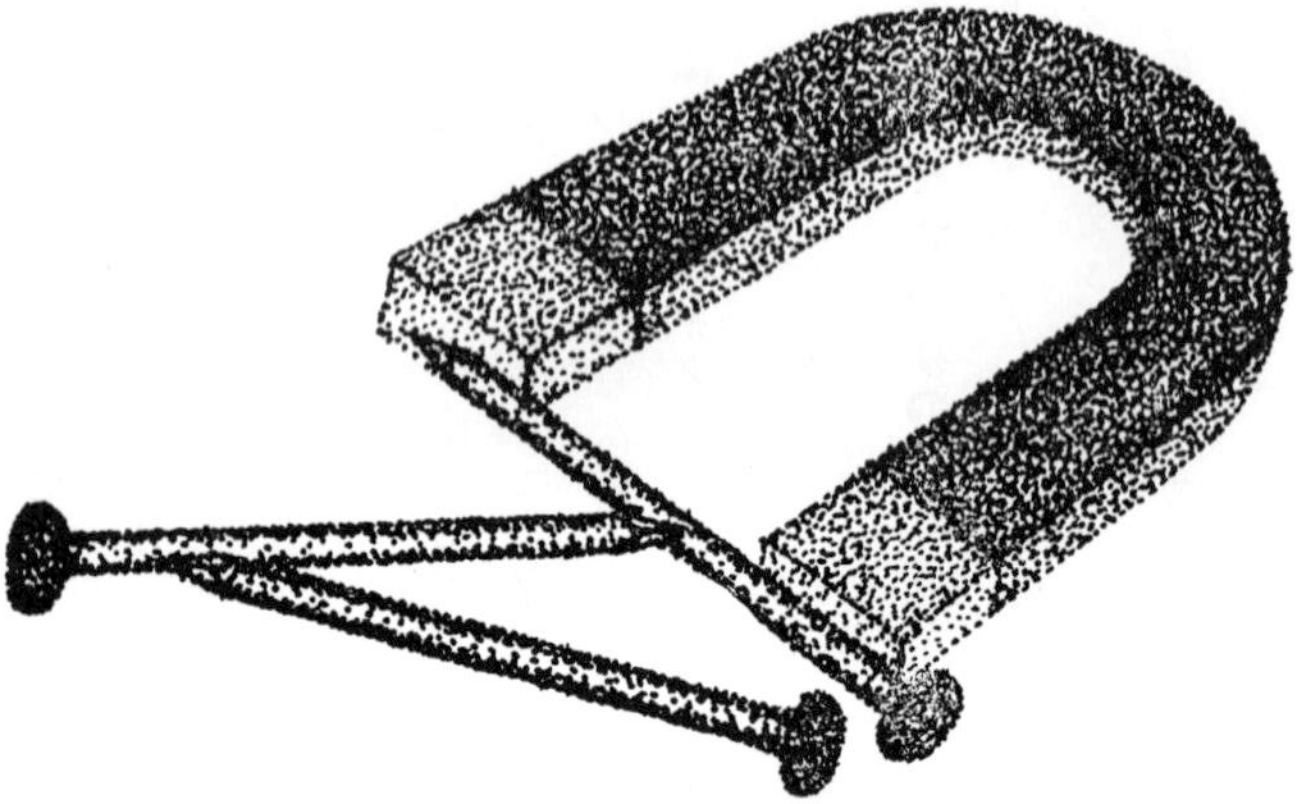

ます。すてきなピアノのことを考えてみなさい。心の目でそれがあなたの部屋の中にあるのを見なさい。そして鍵盤に指を触れてその感触を味わってみなさい。手でピアノの表面をずっと触れてみなさい。そして絶対的な確信をもってピアノが現実にそこにあることを考え、感じとりなさい。そのとき、ピアノはすでにあなたの心の中に実際に存在しているのです。なぜなら、それはピアノがこの世に生まれたとき、まずはじめに製作者の心の中に思考の形で存在していたのと同じだからです。

あなたの心の中で欲しいピアノのイメージができたら、それが今自分のものである、と確信しなさい。そしてあとはあなたの潜在意識にまかせるのです。潜在意識は神的秩序をもってあなたがピアノを得ることができるようとりはからってくれます。あなたの潜在意識の無限の英知は人々の心に働きかけ、結局、それは思いもよらない方法で現実のものとなるでしょう。

思考はこの世にあるすべての道具や機械が生まれてくるもととなってきました。思考はまた、何百万という自動車、タイプライター、コンピューター、あらゆる種類の家庭用品を改良し、絶えず新たに生み続けています。そしてこの宇宙時代のこれらすべての機械類の発明、発見、改良は、いつも人間の目的にかなった思考によってもたらされているのです。

思い込みの奇跡

一九四四年のことでしたが、私の家から数軒先に幼いスペイン人の少女が住んでいました。私は彼女の家族をよく知っていて、ときどきその少女の両親を訪ねていました。彼女はそのとき八歳くらいで、その地区の私立学校へ通っていました。

彼女は近くの公園を自転車で乗りまわしてみたくてしかたがなかったので、何ヵ月もの間両親に自転車がほしいとねだっていました。彼女がそれをねだるたびに母親はいつも決まってこう答えるのでした。「うるさいわね！　いま、この国が戦争しているのを知っているでしょう？　だから自転車なんてどこにもありません」。ところがそのようないい方で彼女の合点がゆくはずはなく、前にも増して自転車をせがんで両親を困らせていました。

この少女は典型的なおてんば娘で、いつも近所の男の子とケンカをしてよく目をはらしてあざを作っていました。

ある晩、私はこの子にいいました。「メアリー、メアリーはね、自転車を手に入れることができるんだよ。おじさんはどこでそれが手にはいるかも知っているんだ」。すると急に彼女の目が輝きだしました。彼女は目をクリクリさせて叫びました。「どこで?」。次は二人のやりとりです。

著者「いますぐベッドへ行って目をとじて、友だちの男の子や、女の子がかわるがわるメアリーの自転車に乗って公園で遊んでいるところを想像してごらん。そして、皆がニコニコ笑っている顔を見てごらん。神様はね、メアリーに自分だけ乗らないで自転車を持っていない友だちにも貸してあげるようにっていっているよ。そうすればメアリーは皆を幸せにすることができるものね」。

メアリー「いいわ。もし神様が私にそうしてほしいというんならそうするわ。でもママがいってるの。今年のクリスマスにサンタクロースは自転車を持ってこないだろうって」。

著者「おじさんのいうとおりにしてごらん。ベッドへ入ったら目を閉じて、それからあの公園でメアリーが自転車に乗っているところを想像して、自分がほんとうに乗っている気持になってみるんだ。これも忘れてはいけない。お友だちもかわるがわるメアリーの自転車に乗って楽しんでいるところをはっきりと見るんだ。皆がとてもおもしろそうにニコニコしたり、笑ったりしているのを見てごらん。そのうちにメアリーはきっと自転車がもらえる!神様がサンタクロースにどこかで見つけてこいっていうだろう。さあ、ベッドへ行っておやすみ、ぐっすりとよく寝るんだよ」。

次の日の午後メアリーは友だちの女の子と二人で近くのバラエティー・ストアー（訳者注・小型の百貨店）で遊んでいました。そして夕方の六時頃、突然メアリーは泣き叫びました。近くにいた婦人が気をとめ、そしてやさしく彼女に話しかけました。「おやおやお嬢ちゃん、どうしたの？　だれかが怪我をさせたの？」。

メアリーは答えました。「ちがうの、でも……。ゆうべ家に来ていた男の人が私にいったの。神様がサンタクロースにどこかで自転車を見つけてくるようにっていうからすぐ自転車がもらえるようになるって。だんだん暗くなってきたのにまだ自転車がないの」。

その婦人はおこって「その男にそんなことをいう権利はない」といったそうです。彼女は近くの自分のアパートへこの少女を連れて行き、そして一台の自転車を彼女に与えました。それは二年前に死んだ彼女の娘が使っていたものでした。その婦人はかねてよりだれか神を愛する子供にそれをあげたいといつも思っていたのでした。

これが思い込みの力です。「……あなた方の信仰どおりに、あなた方の身に起こる」（マタイ伝第九章二十九節）。

彼が破産した理由

最近私はある破産してしまった男と話しました。彼は家を失ってしまった上に、関節炎に悩んでいて逆境に打ち勝とうともがけばもがくほど、ますます動きがとれなくなるような状態でした。彼は全くの悪循環にとらわれていました。彼がいうには「なぜ私はうまくいかないのでしょう。教会へは行っています。お祈りをして聖書も読みます。いい事もたくさんしました。それなのになぜ神様は私をこのように苦しめるのでしょうか」。

彼が規則正しく教会へ行き、お祈りをしているのはほんとうでした。彼のそのような祈りや努力にもかかわらず物的成果が得られなかった理由は、聞いているうちにわかったのですが、彼がここ十年もの長い間、共同事業者のことを妬んでいたためでした。そして、復讐の念と破壊的感情で心が歪んでいました。相手を許すことを頑固に拒み続け、それどころかその相手を呪い、非難をあびせていたのでした。この心の状態が彼のほんとうの障害でした。私は彼に次のように説明したのですが、彼の共同事業者に対する憎しみと、悪意は、長い間潜在意識の中で培われ、彼は心底から破壊的な感情にとりつかれてしまったこと、そしてこれらの憎しみ、嫉妬、復讐の感情は当然そのはけ口を求め、それが高じて結局さまざまな欠乏と限界を招くことになったなどです。以上のすべてが彼の破産と肉体的疾患の原因でした。

彼は内的な平和を求め、それと調和することによって心を癒す方法を見いだしました。そして彼は、内在する神的知性が神的調整を神的方法で彼にもたらすだろうと確信するようになりました。彼は生活の基礎を、すべての起源であり、不朽の根源である神に置きました。かつては妬んだ男を毎日祝福し、神の調和と健康、平和と繁栄が彼にもたらされることを祈りました。数ヵ月の内に潮の流れが変わり、順潮に乗って彼は再び成功と達成と繁栄への進路を取り戻しました。

ある難民の勝利

ある美しいチャーミングな品性の高い婦人が毎日曜日の朝の私の講演を聞きに来ています。あるとき彼女は、少女時代の流転の日々についての話をしてくれました。それは彼女にとって最も悲惨で恐ろしい時代でした。突然あるとき彼女はソ連の、とあるゲットのようなところに連れてこられました。そこは彼女の人種に対する組織的な虐殺が行われているところでした。空腹に苦しみぼろをまとっていた彼女は、いつしかアメリカへ行きたい、そうして音楽を学びたいという強烈な願望を抱いていました。また、環境の束縛と奴隷のような拘束に勇気をもって打ち勝ちたいと熱望していました。

戦争が勃発したとき、彼女は志願してソ連軍の従軍看護婦になりました。後に彼女はドイツ軍に捕えられ、一捕虜としてその収容所内の人々のために働きました。そこにいる間も彼女は遥かロサンゼルスに住んでいる伯父と再会し、互いに抱き合っている様子を絶えず心に描き続けていました。彼女の心の耳にはその伯父の「よくアメリカへやって来た」という声が聞こえました。

毎夜彼女は横になり、伯父がやさしく自分をいたわって「よくアメリカへやって来た」という想像の声を聞いていつも眠りについたのでした。

アメリカ軍が彼女のキャンプに到着したとき、彼女は通訳として活動しました。やがて彼女は米軍の歩兵師団の将校と恋に陥り後にアメリカへ渡ることとなりました。今日彼女はすばらしい音楽家として、また、りっぱな教師として生徒に愛されています。彼女は驚くほどの収入を得ていて、りっぱな環境に居をかまえ、したいことは何でもできるじゅうぶんなお金をもっています。彼女はまた、世界中のいろいろなところを広く旅行しています。

この婦人の物語は貧困からいかに立ち上がって富にいたるべきかを私たちに示してくれます。彼女は実際に個人的な達成としては非常な高さまで到達しています。彼女は自分の魂を枯れさせてしまうような、他人に対する憤りの感情、にがにがしく思う感情、憎悪の感情が自分の心の中に育つのをけっして許すことがありませんでした。環境の重圧に打ち勝ち、それを乗り越え、人生のこのような高所まで人を持ち上げる力が自分の心の中にあることを、彼女はよく理解しています。これは彼女の特に好きな聖書の一句です。「わたしはあなたがたを鷲の翼に乗せてわたしの所にこさせた」（出エジプト記第十九章四節）。

富を生む三つのことば

ある映画俳優が話してくれたのですが、彼女が終始苦しんでいた心の中のまちがった観念と、暗いムードをきれいにぬぐい去るのに驚くべき効果を上げた方法があるというのです。それは「歓喜・成功・富」の三語を頻繁《ひんぱん》に唱えることでした。家の中で日常の仕事をするときも、彼女はこの三語を歌でも歌うように節をつけて口ずさみました。これを十分か十五分繰り返した後はきまって気分ははればれとし、意気が高まっていました。また、彼女が財政的なことで意気消沈したときや、出演の契約が思わしく運ばないときなども、彼女はよくこの三語を口ずさんでいました。

彼女は、これらのことばが彼女の潜在意識の見えざる力を呼び起こす不思議な作用をすることを発見しました。彼女が自分の心にこれらのことばのありありとした現実性をしっかり結びつけることによって、彼女の生活にそれらのことばがもつ本性に一致した成果が見現されてきたのです。彼女は次から次へと契約を受け、この八年非常に充実した生活を送っているとのことでした。

彼女が発見したのは単純な真理でした。それはかつての彼女の生活の思わしくなかった外的な条件や環境は、すなわち彼女の内的感情（不景気なムードや心配）の表出にすぎなかったということです。彼女が自分の恐れや心配や不景気の心理的ムードを変えたとき、彼女の外的環境も立ち直ったのです。

「歓喜・成功・富」これはまさに彼女の勝利の歌でした。これはあなたの生活をも勝利に導く歌です。

神はあなたが豊かであることを望んでいる

生命の法則は貧困ではなく、豊富を主張します。神は無限に尽きることがなく終わることのない永遠の供給をつかさどる源です。そしてあなたはその見えざる助力を得ているのです。なぜなら神の富源には限りがなく、あなたの富源にも限りがないからです。

神はあなたに双手を与えました。あなたはそれで神のメロディーを奏でます。あるいは神を崇め賛美するためにそれで美しい塔を、殿堂を、寺院を建てます。神はあなたが、あなたのすばらしい方法で才能を表現することを欲しています。神は人々のために愛の歌を歌う声をあなたに与えました。神はあなたに樹木が語りかけることばを、流れる小川の歌を聞く耳を与え、石の中に教訓を、そしてすべての中に神を見いだす目をあなたに与えました。

あなたの踊りたいという願望は、宇宙の流動する舞踏の力をあなたに示そうとする神の意図です。全世界は神の舞踏です。

描きたいというあなたの願望は、人生を彩ろうとする芸術家のあなたをとおして表わされたいと願う神の意志です。天球の楽音を聞きなさい。神の静かな小さな声に耳を傾けなさい。その声はいいます。「行け。これが汝の道なり」と。

世界を旅し、探訪したいと思うあなたの願望は、神があなたに世界を見せたいと思う神の願望と企てであり、あなたに、世界の不思議さを訪ねてその美しさと秩序と調和とリズムとすべての事物の釣合いとをじゅうぶんに鑑賞してほしいと望んでいることのあらわれです。

神はあなたが自由で幸福で、喜びに満ちた日々を送ることを欲しています。神は人々がそしてあなたが豪華な家に住み美しく着かざることを望んでいます。神はあなたが勝利に輝き栄光に満ちた生涯を送ることを欲しています。「あなた方の内に働きかけて、その願いと行いとを起こさせるのは神である」（ピリピ人への手紙第二章十三節）。

富に対するあなたの願望は、神がその富をあなたに啓示しようとして、あなたにこういっている印です。「……子よ、あなたはいつもわたしといっしょにいる。わたしのものは全部あなたのものだ」（ルカ伝第十五章三十一節）。

この章の要約

（1）天地は限りなく豊かであり、途方もなく贅沢《ぜいたく》ですべてにわたって鷹揚《おうよう》です。生命の法則はこの限りない富をあなたにもたらそうとしています。

（2）もしもあなたが乏しい心の持主であるなら、貧しい意識の人を引きつけるばかりで、富を得ることは望めません。

（3）あなたが欲するものをはっきりとした形でとらえて想いなさい。それがあなたの部屋の中にあるのを見なさい。手で触れて、その物のもつ感触を味わってみなさい。そうすればそれはあなたのものになります。

（4）あなたが何かを真実として心に受け入れるとき、ちょうどあの自転車を欲しがった少女が全くの見知らぬ人から一台プレゼントされたように、潜在意識はあなたの知らない方法でそれを現実にしてくれます。

（5）憎悪・悪意・復讐の観念は富に対する祈りの妨げとなり、富があなたに流れくるどころか、あなたから逃げ出す原因となります。あなたが自分に望むことと同じことを他人にも望みなさい。それが豊富にいたる鍵です。

（6）三つのことばが奇跡をもたらします。「歓喜・成功・富」これを歌い、心の中に書きとめなさい。これらは神の真実の姿であり、同時にあなたの真実の姿です。

（7）神はあなたが自由で、幸福で、喜びに満ちた日々を送ることを欲しています。神はあなたが更にいっそう豊かな生涯を送ることを望んでいます。神は喜びに満ちあふれていて暗いところがありません。

第9章　すべてのビジネスは神のビジネス

この世のあらゆる活動形態は、神の全行為の一部です。あらゆる事物と、すべての人々に生気を与え活動させているのは、唯一最高の力、神です。あなたは私たちのさまざまな活動を精神的、霊的活動と、そうでない活動とに分けて考えるかもしれませんが、あなたが何かを心から喜んでするとき、そしてまた、御国《みくに》の来たらんことを願って何かをなすとき、すべての仕事は精神的なものということができます。

大工がこの世の原理にそってよい家を建てようと喜んでその仕事に励むとき、彼は牧師が天主の十戒の意義を説こうとするのと全く同じ精神的活動をしています。

よりよい剃刀《かみそり》の刃、シェービングクリーム、自動車、あるいはそれが何であろうとも、よりよいものを作ろうとするときのあなたの願望は、人々に喜んで奉仕したい、有益で建設的な方法で人類に貢献したい、この世の黄金律に適《かな》いたいとするあなたの気持のあらわれです。あなたは神のビジネスに就いています。そして神の本性はもともとあなたのためにあるのです。それならだれがあなたに対抗できましょうか。あなたがビジネスで成功し、繁栄するのを差し止めようとする力は天にも地にもありません。

ビジネスの繁栄を願う祈り

「私のビジネスが神のビジネスであることを理解し、確信します。神はあらゆる時と場において私のパートナーです。そのことは私がどんな仕事にあるときも、神は光と愛と真実とを私の心に満たしてくれることを意味します。私の内の神の力に全信頼をおくことによって私はすべての問題を解決します。私はすべてが神の力によって維持されていることを知っています。これから私は安心して平和のうちに休みます。すべてのことに神的解決がもたらされます。私はだれをも正しく理解します。そして私は正しく理解されます。私の仕事上のすべての関係は、神の調和と法則と一致しています。幸福と繁栄と平和が最高の形で私にもたらされるまで人々と協調して働きます」。

神が真の雇主

ある大規模な事業体で働いている若い婦人がいいました。「以前私は仕事から仕事へといろいろな雇主のもとを渡り歩いていました。もっとお金を得ようと思い、また自分の教養にもなると思いまして。ところがあるとき、私のほんとうの雇主は神様であることに気がつき、そして私は神様のために働いているのだ、すべての富を神様が私にくださり、私はそれを楽しんでいるのだということを確信しはじめたところ、間もなく私はすてきなポストについてすばらしい収入を得ることになりました。そこでもう六年も働いています。私は今そこの副社長と婚約しています。神様が唯一の事業主であり、だれか特定の人のためにではなく、神様のために自分が働いているのだということを知るのは、この世で最もすばらしいことではないでしょうか。私は心をはずませて微笑み、楽しんで仕事をしています。たしかな安らぎを感じています。とてもすばらしい毎日なのです」。

ほんとうのボス

何年か前のこと、私がテキサスのダラスを訪れていたとき、ある薬剤師が私を訪ねてきました。彼の不満は彼が仕事をしているところのボス（訳者注・社長とか店の主人のこと。部長、課長などの場合もある）が、気まぐれでおこりっぽくて意地が悪く、どう考えてもいっしょにやっていくのは不可能だということでした。彼は続けます。「私がそこにいるたった一つの理由は収入がいいからですが、彼のことを考えると無性に腹がたって、もうはらわたが煮えくり返るほどです。もっとあります。他の助手がみな何らかの形で昇進しているのに、私には全然そんな話がないんです」。この男は心の中に、もやもや、腹だたしさ、怒り、憎しみという独裁者・暴君・ギャングの一団を囲っていたのでした。この心の破壊的態度が彼の思想と感情と行動のすべてを支配するボスでした。

私は彼に外界は常に彼の内面を映す鏡であることを説明しました。加えて、彼は自分で自分を傷つけていたこと、自分の経済的、職業的発展を自分で阻害していたことについても話しました。彼はいままで自分が心で感じていたことは、自分がそう考えることによって事をそのように決めていたのだということをすみやかに受け入れました。それから彼は気分がおもむく方向を改め、心の中に成功と調和と、繁栄の観念を植え込みました。彼は毎日それらの考えと共に暮らし、規則正しく計画的にそれらを心の中で養い育てていきました。彼はまた、雇主に対しても同じように調和と繁栄と平和とを心から祈りました。

数週間の後、彼は自分の新しい生活態度が自分のほんとうのボスであること、そして彼の生活の管理と統制は、まちがいなく彼の心を支配している観念にもとづいてなされるものであることを悟りました。間もなく彼は、自分に対するボスの態度が変わったことに気がつきました。ボスは彼を昇進させ、サラリーを大幅に上げ、そして彼を一支店の支配人にしました。まさしく彼の新しく改めた心の態度がすべてを変えさせたのでした。

セールスマンとして成功する秘法

ある若いセールスマンの話です。彼の収入は平均して年二万五千ドルを越えています。彼がセールスにおいて何よりまず考えることは顧客への奉仕ということでした。彼は常に顧客の利益を考え、それによって自分も利益を得るよう努力するのが彼のやり方でした。もちろん彼は顧客の立場につけこんで儲けたりすることは、けっしてしませんでした。更に、彼は買手がその商品をじゅうぶん効果的に利用できないか、もしくは卸しにあっては小売りの際にうまくいかないと思われるようなものは、けっして無理に押しつけるようなことはしませんでした。時には顧客の要望する物を供給できないことがあります。その際彼はいつも顧客の要望を満たすものをもっている別の会社を紹介しました。「これは生きた黄金律です」と彼はいいました。すべての顧客は彼のサービスにことばに尽くせないほど感謝しました。彼はそのようなやり方のために、普通のセールスマンなら取ってしまうような注文をいくつものがしてきましたが、それに代わる何百もの別の注文を獲得しました。彼は会社で他のセールスマンのだれよりもすぐれた、年間最高の販売数量を記録しています。

この若者の誠実と実直と善意の潜在意識が通じて、彼らから信用と信頼が返ってきたのです。彼のその黄金律の実践が彼のセールスマンとしての成功と、後に会社の運営に携わる地位まで昇進した秘訣です。

あなたが顧客か依頼者と接する際の成功をおさめる真の秘訣は、立場を変えてあなたがその顧客であった場合、自分がこうされたいと思うことと全く同じことをその人にすることです。もしもあなたが土地か家か、何かの商品を買おうとしているとして、そのためにあなたがよい話や情報を聞きたいと思う。その話をあなたの顧客か依頼者にしてあげなさい。そうすれば社会全体が、そしてそこに住むすべての人々があなたによいことをせずにはいられなくなります。あなたのセールスマンとしての成功はまちがいありません。

あなたの声は神の声

私が知っている十七歳になる少年は、ニューヨークの「地獄の台所」と呼ばれているところ（訳者注・マンハッタン中央の西、映画「ウェストサイド物語」の現場付近）で生まれました。その少年は、数年前私がニューヨークで講演したとき、私の話を聞いていました。彼は非常によい声の持主でしたが、彼は、そのために特別な専門教育や訓練を受けたことはありませんでした。私は彼に、心が注意を向けた何かのイメージは、深層の心に至ってそこで成長し、やがてそれは実現される、また、顕在意識によって心に描かれた映像に対して、この深層の心は必ず返答するものだということを話しました。

この少年はよく自分の部屋で静かに腰をおろし、体全体をゆったりとさせ、マイクの前で自分が歌っている様子をありありと思い浮かべました。彼はまた、実際に手をのばし楽器の感触を味わおうとしました。彼は大胆にもこういいました。「僕の声は神の声だ。堂々として楽しく歌う」。彼はよく私が彼のすばらしい出演契約を祝うことばを聞きました。その出演の後で、「とてもすてきな声だった」と私がいうのを聞きました。心の映像に注意と祈願とを規則的に、計画的に注ぐことによって、彼は潜在意識の奥深いところにあざやかな印象を植えつけたのでした。

しばらくたったある日のこと、ニューヨークの著名な声楽の教師が、彼に一週間に数度、ただで教えたいと申し出ました。その教師はその少年の可能性を非常に高く評価したのです。結局その少年はすばらしい契約にサインして、ヨーロッパ、アジア、南アフリカを回り、各地のサロンで歌いました。それで得た膨大な収入のおかげで、彼は財政的に心配する必要がなくなりました。

彼の隠れていた才能が彼の真実の富でした。彼のビジネスもしょせん神のビジネスということができます。なぜなら彼に才能を与えたのは神だからです。

あなたの日常の生活においても、もしもあなたがその無限の力を解きほどくならば、あなたの声は神の声となりえます。

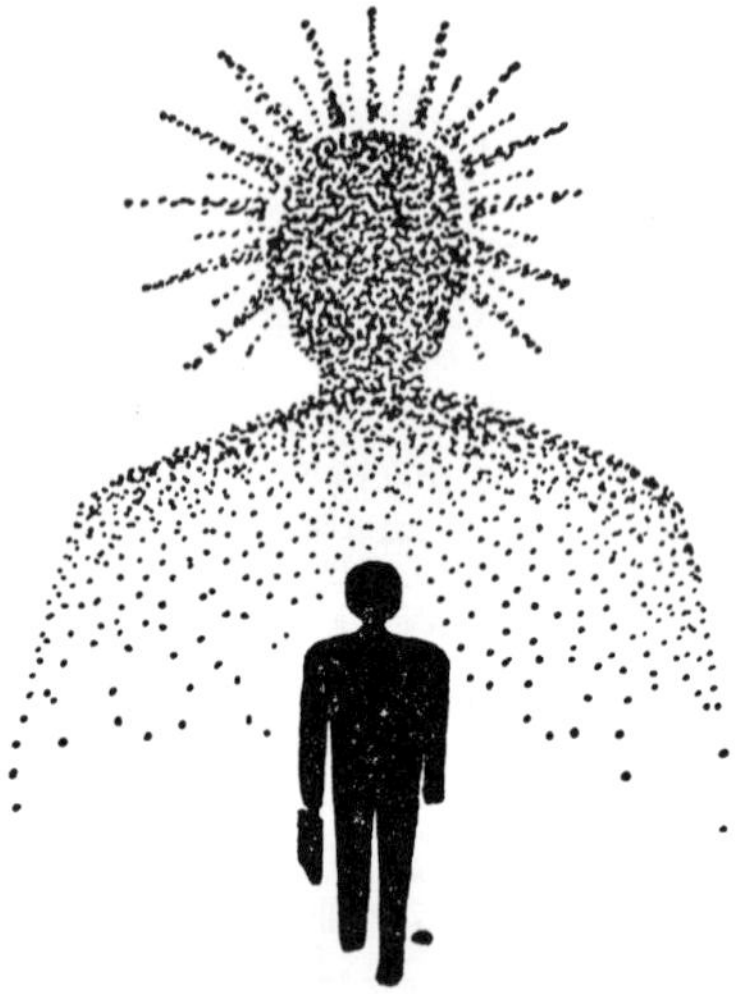

ビジネスを拡大する法

友人の牧師が私に話してくれたのですが、彼が布教を始めた頃、彼の教会は財政的にたいへん苦しい思いをしたそうです。結局、彼は拡大と繁栄にいたる確実な方法を発見したのですが、それは次の二つの質問を自分に問いかけてみることでした。一、人々のためにもっと役だつにはどうしたらよいだろうか。二、人類のためにもっと貢献するにはどうしたらよいだろうか。

これは彼の用いた技術ですが、これが奇跡をもたらしました。彼は心を込めて祈るようにこう肯定しました。「私が神の真理を人々に知らせるためのよりよい方法を神は私に啓示し給う」。お金がどんどん降ってきはじめ、教会を抵当にしていた債務を数ヵ月のうちに返済し、以来彼はお金に関して苦境に陥ったことがありません。

同様にもしもあなたが「人々に奉仕できるよりよい方法を神が私に示し給う」という期待で心を満たすならば、事業を拡張するにしても、財政的な心配を全くする必要がなくなるでしょう。新しい創造的アイデアが次々と思い浮かび、あなたのビジネスはすべての分野で繁栄の一途をたどります。

二億ドルの会社の社長になった人の話

アリゾナのフェニックスでの講演の後で語り合った人の話です。彼は、さる企業の販売部長をしていた頃、心臓の発作と神経衰弱に苦しんでいました。それは会社内での緊張、負担過重、圧力、政策上の抗争などが原因でした。やがて彼はじゅうぶんな回復をみて再びオフィスに出るようになりました。そのとき、彼は次のようなことを実行しました。毎朝オフィスへ着くとドアを閉めて十分か十五分の間、神と霊的な交流をもち、そして次のことを肯定するのです。それは、無限の英知が今日の自分の行動のすべてを指示する、争いのあるところに神の愛と調和とが行きわたる、自分がくだす業務上の判断や決定は、自分の知性を包む神の知恵によってなされ、またその英知は自分に完全な計画と行くべき道とを啓示する、というものでした。彼はまた、あらゆる問題の解答を神は知っており、自分は神と一体であることを絶えず確信していました。加えて「神的法則と秩序とが私と社長と全社員と機構とを治める。私は愛と平和と善意とをすべての人々に放つ」と大胆に心で決めていました。

彼はこのオフィスにおける日課を一日もかかさずに毎日続けました。そしていっそうの健康と幸福にめぐまれるようになり、仕事の上では、会社の製品の充実と開発のための新しい創造的アイデアのかずかずを提供するようになりました。その結果、このビジネスは彼の予想をはるかに越える大発展を遂げていきました。その間彼は重役の階段をどんどん登っていき、二年後にその巨大な企業の代表取締役社長に選ばれました。

神のビジネスは常に栄えることを、彼は自分で証明しました。同じことをあなたも自分で証明してください。

この瞬間の幸と不幸

もしも今日、あなたが何かの勘定を支払えそうにないと思ったら、あるいは、もしも今日あなたが何かの失敗を招きそうな気がしたら、次のことを思い起こしてください。あなたがしなければならない唯一のことは、たった今のあなたの考えを変えることです。そうすればそれにともなって環境条件が変わってきます。あなたはいつの瞬間にも心の動きをそのまま表わした外的生活を営んでいます。今日あなたの身の上に起ころうとしていることは、今日のあなたの考えと感情の結果です。

今日のことを公正に考えなさい。将来とは常に先のことを思う現在の思考の結果です。あなたの考えを今日変えなさい。そしてそれを協調的で平和な、成功へ導くものとしなさい。今日の悩みは、今日の考えの結果です。神的知性には時と空間がありません。あなたの幸福は今この瞬間に存在しています。過去も将来も現在の思考の中にあります。なぜなら、あなたが考えているのはたったの今だからです。あなたは、この瞬間生きているのです。この瞬間のあなたを変えなさい。そしてあなたの運命を変えなさい。この瞬間こそあなたがあなたの統制をとりうる刹那《せつな》です。古代ヒンズー教の僧侶が「神（あなたの幸福）は永遠であり、現在である」といったことばの意味がそこにあります。

ビジネスに成功する三段階

ある若い婦人が非常にりっぱな美容院を開いて繁盛していました。ところがあるとき彼女の母親が病気になってしまい、彼女はやむなく仕事をなげ出して母親の看病のために多くの時間を家で過ごさねばならなくなりました。そうして、彼女が留守をしている間に二人のアシスタントが営業資金を使い込んでしまい、彼女はたいへんな借金を皆負わされるはめになりました。

彼女はその損失を取り戻すために、次の三段階を踏む決心をしました。

一　彼女は近所の銀行の支店長が、彼女が多額の預金をしたことに対してお祝いをいってくれているところを想像しました。そのことを日に数回、一回に五分くらいずっと想い続けました。

二　想像の中で母親が「私はあなたがお店をとってもよく切り回しているのが嬉しい。すばらしいお客がたくさん来るし……」と彼女にいうのを聞きました。彼女は母親のこの幸せそうに、嬉しそうにいう声を日に数回三分から五分聞き続けました。

三　眠りにつく直前に彼女は次のことを肯定しました。「私は一人一人のお客に気持を込めたサービスをします。美容院に来るすべての人を神様は私をとおして祝福します」。
三週間たたないうちに、彼女の美容院にブームがおとずれ、新しい助手を雇わねばならないほどになりました。やがて彼女は結婚しました。彼女の夫は結婚の贈物として二万ドルをプレゼントしてくれ、彼女はそれで美容院を拡張し、新しい施設を設けたのでした。

売買における真理

土地やビルや店舗の売買に関して私はよく意見を求められることがあります。これはあなたが売ったり買ったりしたいと思うどんな種類の品物についてもあてはまることですが、あなたが売りたいと思うのは、あなたが所有物を何かに交換したいため手ばなす用意があることを意味し、また、だれかにそれを受け取る用意があることを意味しています。

物の売買にあたっては、あなたが正しいときに正しい買手か売手にめぐりあうことを、ありありと心に思い浮かべることです。そうすればあなたの潜在意識が正しい相手を引き合わせてくれます。あなたは牽引の法則を使っているのですから、その取引に完全に満足する相手とあなたは商売をするようになります。すべての事実に神的秩序があります。

あなたが何かを売る場合、あなたが相手に求める価格は、もしもあなたがそれを買う立場におかれた場合、あなたが喜んで支払う価格と同じであるなら、それは常に正しく公正なものです。

財政的成功を得るための毎日の肯定

「……私が父なる神のビジネスに就いているはずのことを、ご存知なかったのですか」（ルカ伝第二章四十九節）。

「私は自分のビジネス（またはあなたの専門職や活動）が神のビジネスであることを知っています。神のビジネス（またはあなたの専門職や活動）はもとより常に成功するものです。私は日々知恵と理解を得て成長しています。神の富裕の法則が、私のために、私をとおして、私の周囲に絶えず働いていることを知り、確信し、これを真実として受け入れます。

私のビジネス（またはあなたの仕事）は正しい行動と正しい表現で満たされます。私の必要とするアイデアとお金と品物と契約は今もいつも私のものです。これらすべては、宇宙の牽引の法則によって抗しがたく私に引きつけられてきます。神は私のビジネスの生命です。私はあらゆる時と場合に神的に導かれ、霊感を与えられます。私は毎日すばらしい機会を得て成長し、進歩し、発展します。私の善意をよりいっそう大きい強いものにします。私は偉大な成功を収めます。なぜなら私は自分に対してしてもらいたいと思う同じやり方で、人々とビジネスをもつからです。

この章の要約

（1）　すべてのビジネスは神のビジネスです。神のビジネスは常に栄えます。すべてのことを神の栄光のために楽しく喜んで行ないなさい。

（2）あらゆる商取引にあたって神があなたのパートナーであること、また、神があなたの顧客や相手にも内在していることを覚えなさい。あなたはあらゆる場合に指示を与えられ、導かれます。

（3）神が唯一あなたの雇主です。このことに気づけば、あなたはいつも豊かに報いられ、永続した深い安泰感が得られます。

（4）あなたの心を占めている精神的態度があなたのほんとうのボスです。心の観念が私たちの主人であり、私たちの態度を決定します。あなたの心を感情を伴った調和と成功と繁栄の観念で満たし、それを胸に抱き続けなさい。そうすれば、最良のボスを内にもち、同じことが外にも現われてくるでしょう。

（5）セールスに成功するためには、あなたはまず顧客へのサービスに徹することを第一に考えなければなりません。そうすればあなたの成功は確実です。

（6）もしあなたがすばらしい声をさずかっているなら、あなたの声は神の声であること、あなたの歌は観客を魅了し、彼らに喜びを与えるのだということを知りなさい。これが名声と栄光にいたる道です。

（7）もしビジネスが滞ったらこのように祈りなさい。「無限の英知は、私が奉仕できるよりよい方法を示してくれる」。あなたのビジネスは飛躍を重ねることになるでしょう。

（8）あなたの今日の経験は昨日が原因したのではなく、あなたの現在の思考が外に現われている結果です。あなたの考えをいま変えなさい。そうすればすべてが変わってきます。今だけがその瞬間です。また、将来は現在のあなたの思考によって決定されます。

（９）物の売買にあたっては、あなたが正しい時に、正しい相手にめぐりあうことを心に思い浮かべなさい。牽引の法則が求める相手を引き合わせ、その取引は相互の満足と調和と平和で満たされたものとなるでしょう。

第10章　増大の法則

コリント人への第一の手紙三章六節にこうあります。

「わたしは植え、アポロは水を注いだ。しかし成長させるのは神である」。増大はすべての人が願い求めていることであり、その願望は人の中に住む神が各自の生活のさまざまな局面での、よりじゅうぶんな表現を求めている衝動の現われです。

豊かに生長したい、自己を拡充し開花させてみたいと思うあなたの願望は、あなたという存在の根本的な衝動です。あなたはあなたの周囲のすばらしい交友関係の環を大きくしたいと願い、よりよい食物を、衣服を、自動車を、家を求め、華麗な生活を楽しみたいと思い、他の人々にもそうあってほしいと願います。更に、もっと旅行したい、内的な力についてもっと学びたい、美を味わう更に高い水準に到達したいと思います。遠からず、もっと豊富な生活を営みたいと欲します。

土に麦を蒔いて水を与えるとします。それは百倍にも千倍にもふえていきます。同様にあなたが思想・感情、想像の形で心の中に植えつけるものは何でも客観化へと向かって増大されます。

増大とは、あなたの財産が増加すること、当初の計画や考えが開花することを意味します。もし、どんな行動も全くとられなかったとしたら、いうまでもなく、いかなる増大も起こりません。あなたの心に増加、増大の観念を植えつけなさい。しかしあなたの意識する心だけではそれをなしえません。その増大をもたらすのは神――潜在意識――です。

たちどころに数千ドルを集めたアイデア

「日々の生活の心理学」の講演家で、世界的に有名なハリー・ゲイズ博士の妻、オリーブ・ゲイズ博士が彼女の夫についての興味深い逸話を話してくれたことがあります。ある日ゲイズ博士は、その頃まだ年若い紳士でしたが、アメリカでの講演のためイギリスからやって来ました。心の法則についての講演をシカゴで行なうつもりだったのです。彼のホテルはシカゴ・オペラハウスに近く、ふと部屋の窓から見おろすと、それはちょうどオペラハウスのマチネーが終わったときで、劇場からおびただしい数の人が出てくるのをまのあたりに見ることができました。彼は自分にこういい聞かせました。「私は心の法則についてこれほどの人を収容できるオペラハウスで講演しようとしている。神は私を祝福する。そして私の話に耳を傾けるすべての人に神は豊かなお恵みを、押し入れてはゆすり、あふれ出るまでに量をよくして注ぐ」。

ゲイズ博士がオペラハウスのマネジャーに会いにいったとき、彼はわずか百ドルしか持っていませんでした。

それが日々の生活の心理学の講演をするためのオペラハウスの借用にあてがうすべてのお金でした。それを聞くとマネジャーは声を出して笑いました。しかしゲイズ博士が熱心に心の法則について語ったところ、マネジャーはそれにたいへん興味をもち、博士が予定している一連の講演のためのオペラハウスの借料数千ドルを集めるために一週間の猶予を博士にくれました。

その一週間、ゲイズ博士は次のことを肯定し続けました。「神は私に増大をもたらす。私の考えは善であり、それはすべての人々を祝福する。神はそれを拡大し、増大する」。

そのうちにゲイズ博士はシカゴの億万長者マッコーミック氏に会いました。彼はゲイズ博士の説く心の科学に非常な関心をもち、博士のために十一人の百万長者を呼んで昼食会を開いてくれました。席上、博士は彼らに心のもつ力について話しました。すると百万長者たちは各々博士に多額の寄付を申し出、それで劇場の借料と広告費などの必要経費をすべて支払うことができたのでした。

ゲイズ博士の夢は現実のものとなり、数週間前彼がホテルの自分の部屋の窓から見て想像したあの光景と同じように、博士の各講演後、おびただしい群集がオペラハウスから出て来るのが見られました。ゲイズ博士は心の中に鮮かな絵を植えつけていたのですが、それは目的が達せられたところを予見しつつ、安らぎと喜びの感情にひたりながら描かれた絵でした。彼はまた、神がその増大を彼に与えるということを知っていました。

ある教師ときかん坊たち

よく私の講演を聞きに来ている先生の話ですが、彼女は受持ちのクラスのどうにもいうことをきかない子供たちに、ほとほと手をやいていました。しかし彼女が次のようなやり方を試みたところ、驚くべき結果が現われたということです。

毎朝授業をはじめる前に十五分間、彼女は一人になって心を落ちつけ、次のことを肯定しました。「私は神の創造的中枢です。私はクラスの生徒たち全員に愛と知恵と理解の増大をもたらします。私はいま、一人一人の生徒に進歩と成長の観念を移し込みます。一人一人の生徒はすみやかにそれを学びます。彼らは互いに仲良くし素直で協力的です。私のクラスの子供たちは一人一人が非常に優秀であることを固く信じています。私のこの確信があの子の潜在意識に移し込まれます。いま移し込まれています」。

それ以来、ここ何年もこの先生は彼女のクラスの規律の正しさを度重ねて誉められ、クラスの成績は例外的に優秀なものとなりました。最近彼女は他の学校へ栄転し、収入も大幅に上がりました。彼女は生徒にもたらされる絶え間ない増大を確信していたのですが、結果的に彼女は、自分の生徒たちの増大を祈るとき、神は生徒たちに対するのと同じく彼女に対して豊かなみ恵みを垂れるということを知りました。

彼女は机の上に次のモットーを書き留めています。「自分に対して望むことをすべての人に対して望む」。それは全く彼女自身のためによいことでした。

小屋住いの大工が摩天楼の建設者になった話

最近アリゾナのフェニックスで、私はジェイコブ・ソーバー博士の主宰するチャーチ・オブ・ディバイン・サイエンスで話をしました。ついでですが、この博士は以前ユダヤ教の著名なラビ（法学者）でしたが、今は心の法則を説く超教派の教会を主宰している人です。

そこでの講演期間中に私は、ある裕福な人と話したのですが、彼は二十年前その砂漠の町で、時たま話があっては出かけるといった調子の大工をしていて、山の近くの古ぼけた見る影もない小屋に住んでいました。

ところがあるときを期して彼はニューヨークにあるような摩天楼を建てたいというどうにも消しがたい欲望にかられるようになりました。彼は自分にこういい聞かせはじめました。「私はだんだん金持になってくる。私は他人を金持にしようとしている。私は皆に恵みをほどこそうとしている」。

彼が心の態度を変えたことによって、やがて彼の奉仕を求める人々が次から次へと彼をたずねて来るようになりました。彼の仕事があまりにも急に増えたので、彼は助手を数人雇わねばならなくなりました。

そのうち彼は、その町へ健康上の理由で東部から引越してきたある財産家の注文を得て一軒の家を建てました。その家のみごとな出来ばえを見て感心した財産家は彼と契約し、自分は少しの仲介料を取りながら、彼が仕事を請負うというビジネスを始めました。後になってその財産家が亡くなったとき、彼はその大工に二人でやってきたビジネスの全所有権を遺しました。今日この元大工は何百万ドルもの財産を所有し、すでに摩天楼をいくつも建てています。

この大工がそうしたように、あなたも今から豊かな感情を抱きはじめなさい。そうすれば思いもよらない富があらゆる方面からあなたに向かって押し寄せてくるのに驚かされることでしょう。そしてあなたは今のビジネスをより大きな企業体へと拡大していくことができるようになり、前進し上昇していくためのプランに必要なすべての富を不可避的に受けるようになるでしょう。

あなたが今どんな立場の人であり、何の仕事をしているかなど問題ではありません。あなたが速記者であろうと、秘書であろうと、弁護士、化学者、タクシーの運転手、宗教家であろうと、立場や仕事に関係なく心の法則はすべての人にあてはまります。もしもあなたが人々の富と健康と幸福を願ってそれに心の焦点を合わせるならば、それらは無意識のうちに心の中で目覚め、そしてあなたはそれと同じ豊かさを宇宙の牽引の法則によって引きつけるようになるでしょう。

そうして、あなたはますます豊かになり、精神的にも物質的にも繁栄していきます。

おびただしい患者が押し寄せて来る理由

私の知人の若い医師が非常にめずらしい成功をおさめて仲間を驚かせています。患者が押しあいへしあい長蛇をなして彼の所へやって来るのです。彼が話すには診療所を開いた最初の日に、彼は次のことを黙想したそうです。「私は人々に生命の増大をもたらす。神は偉大なる医師であり、私は神の目的を果たす手段である。神が私をとおして癒す。私が触れる者はだれもが奇跡のように快復する。私は人を癒す無限の存在と絶えず調和する。私の成功と達成と、そして生命の豊かさに対して神に深く感謝する」。

彼は今でも毎日右の要領で祈っています。彼は自分のところに来るおびただしい患者をみ

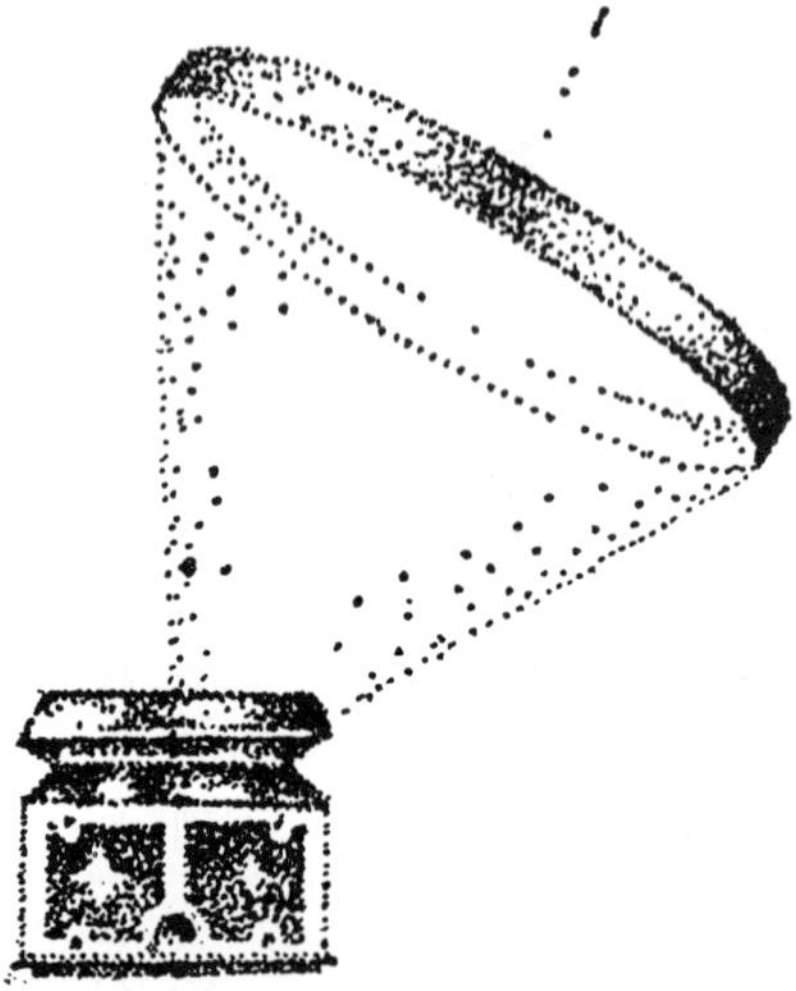

な診ることができず、大勢の人に他の医師を紹介しています。

ある牧師の心の転換

最近、私は「礼拝に集まる人が近頃五、六十人に落ちてしまいました」というある牧師と会って話をしました。この話し合いで、私たちは、その悪化の原因が礼拝に来る人々に、彼らの必要とし求めているものを彼が与えていなかったことにあるとしました。彼は直ちに心の態度を変え、そして人々に満ち足りて幸せな生活を営むにはどうしたらよいか、協調的な人間関係をうちたてるにはいかにすべきか、愛し愛されるにはどうすべきか、ビジネスは、いろいろな仕事はどうしたら繁栄するようになるか、健康で活力にあふれ、若々しくあるにはいかにすべきか、などについて説きはじめました。彼は自分でもわかっていたのですが、これらのうちで自分の生活の一部としてよく理解していることを除いて、人々にこのような性質の話をすることができないでいたのでした。

彼はそのようなことについて説教することを練習し、説教台から生命の法則についてぶったのです。三ヵ月がたちました。彼の教会には五百人もの人が集まるようになり、そして人々は彼に告げました。「伺いたいと思っていたお話ばかりです。私たちは新しい人を説教台に迎えました」。

常に存在する発展への好機

自分の仕事について、「進歩があるわけでなく昇進するわけではなし……」という人がよくいます。その理由は働いているところに自分が上がっていく余地がない、給料がある一定の標準に固定されている、などによるものです。当然ながらこれらは真実ではありません。あなたはいかなる生活環境においても心の法則を使って地位を高め発展していくことができます。

その秘法はあなたが将来どんな姿になりたいかを決め、その明確な心の絵を形づくり、あなたを支えている潜在意識の力を知り、そしてあなたの欲する姿に向かって断固たる方針を定めて、たゆまず勉励することです。そして潜在意識の中で、その心の絵が強く育てられていまにあなたの経験へと客観化されるということを確信するのです。

あなたが今していることに喜びを見いだして、あなたの最善を尽くしなさい。心温かい、親切な、やさしい、善意にあふれたあなたでありなさい。大きく考えなさい。豊かな富について考えなさい。

心の富に気づきなさい。そうすればあなたの仕事は必ず勝利と成功のための踏台となるでしょう。

あなたの真価を認識しなさい。そして、あなたが毎日会う一人一人のために、あなたの上役、同僚、顧客、友人、あなたの周りのすべての人々に対して豊かな富を願いなさい。やがてあなたは自分が見えざる富を人々に放っていることを感じ始めるようになります。まもなく無限の英知があなたのために新しいチャンスの扉を開いてくれることでしょう。

あなたの前進を妨げるものはこの世に何ひとつありません。あるとすればそれはあなた自身です。すなわち、それはあなたが抱く否定的な考えとあなた自身についての否定的な概念です。

あなたが発展を望んでそれを心に描いているとき、いっそうの富と高い地位と威信につながる好機があなたに示されたなら、そして、もしもあなたがそれを受け入れるべきだと心の底で感じたなら、ためらうことなく受けなさい。それはよりいっそう発展的な好機へ向かう一歩となるでしょう。ただ今より輝かしい発展を続ける生活にはいり、神の豊かな富を経験してください。

とがめられるべき人

ある女性が私のところへ彼女の夫についての相談をもってきました。その夫というのは自分にじゅうぶんなお金がないばかりに政府のやり方、税制や社会の構造について絶え間なく非難し続けているとのことでした。

私は彼と話してみたのですが、彼は自分のことをそうした社会条件の犠牲者であると思い込んでいました。真実は、彼自身が彼の立場を支配している主人なのです。話し合っていくうちに彼は自分の身の回りの状態を変えるための創造的計画を自分で立てうること、彼は神の王国の一市民であることなどについて覚り始めました。これは、彼が唱えた毎日の祈りです。

「増大の法則は必然的です。私の心は絶えず豊かな増大のために備えています。私のビジネスは成長、発展、拡大を遂げ、私の財力は常に増加します。私は内的無限の宝庫より精神的にも物質的にも豊かな富を供給されます。私の心は神の潤沢で満たされ、内にも外にもますます豊かになっていきます」。

彼が心でこれらの内的な真実を養っていくうちに、彼の外的な生活は目に見えて豊かになってきました。彼は現在自分でビジネスを営んでいてたいへん繁盛しています。

この章の要約

（1）増大はすべての人が願い求めていることです。それは、あなたをとおして表現を求め、あなたにいっそう高い水準へ上がっていくよう奮起をうながしている神の衝動です。

（2）想像の絵をあなたの心に植えつけなさい。喜びと安らぎの感情をもってそれを描きなさい。そしてその物語の幸せな結末までつくり上げることです。そうすればあなたはやがて祈りがかなえられた深い喜びを味わうことになるでしょう。

（3）あなたは創造的中枢です。あなたはすべての人々に愛と知恵と理解の増大をもたらすことができます。人にもたらすことによって人より受け、そしてあなたの生活に奇跡が起こります。

（4）次のことを真実としてあなたの心の奥深くに沈め、これに確信と期待とを同化させなさい。「私はますます豊かになる。私は人々を豊かにする。そしてすべての人々に幸福をもたらす」。これが富にいたる王道です。

（5）思考生活の中で他人の増大を願いなさい。あなたは神の愛と真理と美と富とを人々にもたらす手段であることを覚え、それらが人々に絶え間なく流れることを祈りなさい。そうすればあなたはいっそうの富と友人、顧客や依頼者や驚くべき経験、できごとを引きつけるようになるでしょう。

（6）もしもあなたが宗教家なら、人々に豊かな生活について語り、いかにしてそれを実現するかを説きなさい。彼らに繁栄の法則と、幸福と喜びにあふれ成功に輝く生活学について教えなさい。あなたの集会堂に空いている席がなくなるでしょう。

（7）好機はいつもあなたのドアをたたいています。あなたが将来どんな姿になりたいかを決めて、その明確な心の絵を形づくりなさい。そして心でそれを感じ、潜在意識の力がそれを実現することを確信しなさい。これが今あなたの手中にある好機です。

（8）あなたがとがめてよい人はだれもいません。いるとすればそれはあなた自身です。政府や税金や競争の激しい社会機構や世の中の状態などをとがめるのをやめなさい。あなたは無限の富の王国の市民です。大きく考え、豊富なさまを心に描きなさい。そして豊かであることを感じなさい。そうすれば牽引の法則が後をすべて引き受けてくれます。

第11章　想像力が世界を支配する

ナポレオンは「想像力が世界を支配する」といったことがあります。また、同じ意味でヘンリー・フォード・ビーチャーが、「想像力をもたない魂は望遠鏡をもたない天文台のようなものだ」といっています。想像力はあなたの心の最も重要な能力のひとつです。それはあなたのアイデアに姿を与え、客観性をもたらして空間というスクリーンに投影する力をもっています。偉大な科学者、芸術家、化学者、発明家、実業家、文筆家はだれもがこの想像力の強大な力を使っています。科学者は彼らの想像力をとおして事実の深底を見きわめ、自然の秘密を説き明かします。

「それは不可能だ。それはなしえないことだ」と世間の人々がいったとしても、鍛えられ制御され正しく導かれた想像力の持主は「それは可能です」といいます。

自分が豊かに栄え成功している姿を想像することは非常におもしろく、心を踊らせ人を魅了するものでありながらも、それは自分が貧困と欠乏と失敗の内に住むことを想像するのと同じくらい容易なものであります。もしもあなたが自分の願望と理想を実現したいと思うなら、それが達成されたときの絵を心にはっきりとした形で描きなさい。そして絶えずあなたの願望の現実感を味わい、感じ取りなさい。そうしているうちにあなたはそれを実際のものとしなくてはいられなくなるでしょう。

あなたが何かを真実として心に描くとき、それはすでにあなたの心の中に存在しています。そうしてあなたが、理想に対する信念を心にとどめておくかぎり、いつか必ずそれが客観化されるときがきます。あなたの中の建築家である神が、あなたが心に刻みつけたものを客観の世界というスクリーンに投影します。

百万ドルのビジネスを想像した男

あるすぐれたビジネスマンがふとした折に私にこんな話をしました。彼は非常に小さな店から自分のビジネスを始めたのですが、何年もの間自分が全国に支店をもつ大きな会社の社長であることを心の中で規則正しく計画的に描き続けていました。朝と昼と夜、それぞれ十数分の間、彼は心の目で自分の会社の巨大なビルや工場や支店を見て歩きました。夢が実現したとき、自分はこのような機能のこのような形の建物を建てるのだということまで決めてそれを心に描いていたのでした。

やがて彼のビジネスは景気がよくなり、店を拡張し、人を雇っているうちに、新たな支店を設けるほどになりました。彼は牽引の法則を使って彼の理想の開花に必要とする新しいアイデア、従業員、友人、お金など、あらゆるものを身の回りにどんどん引き寄せ始めました。彼は想像を純真な気持で働かせ、それを培養し、そしてひとつひとつのアイデアに具体的な形態が与えられるまで毎日心の中のそのアイデアと共に寝起きしたのでした。今日彼はおびただしい財を築き上げ、何千もの人を雇う百万ドルのビジネスを経営しています。

想像は他の人をも豊かにする

南カリフォルニア大学のある学生が聖書についての次のような私の解釈を聞いていまし

た。聖書の中のヨゼフという人物が意味するもののひとつは、想像力のことです。聖書は彼がさまざまな色のほどこされたコートを着ていると述べていますが、コートとは心理的な覆いを指します。あなたの心理的な衣服はあなたが心に抱く感情と雰囲気や心の態度です。ヨゼフの「さまざまな色のほどこされたコート」は、ダイヤモンドの多くの面のように何かのアイデアに姿を与えるあなたの才能を表わしています。

先の学生には非常に貧しい暮らしをしている兄がいました。彼女はその兄のことが非常にかわいそうに思えて、兄のために彼がぜいたく三昧の生活を送っているところを想像し始めました。彼女は兄の顔が喜びであふれているところ、口元には明るい微笑みをたたえているところや、彼の容貌や声の調子までが変わったところを描きました。彼女はまた、彼から聞きたいと思うことを彼が自分に話しかけてくるのを想像しました。たとえばこのように。「僕はずいぶん豊かになった。すべてうまくいっていて幸せだ。アパートはとてもすばらしい。それに新車がある。まるで富の中をころがっているようだ!」という声でした。

彼女は朝な夕なに確信をもってその心の絵をありありと現実のように描き続け、とうとうその心の映画を潜在意識に完全に植えつけるのに成功しました。それから二ヵ月がたとうとするころ、彼女の兄のところに好条件の仕事がもち込まれました。そうしてそこに就職したところ、会社は業務のためにといって彼に車を一台あてがってくれました。そのうち宝くじが当たって多額のお金がころがり込んだりしました。兄の声が今、現実の声となって自分に語りかけるのを聞き、彼女は喜びと感動と満足にひたったのでした。

あなたも欠乏あるところに富と豊富を想像してあげなさい。見捨てられたところに平和が訪れるよう想像しなさい。病める人々のために健康を想像してあげなさい。想像はすべての成り行きを定めます。それは美、公正、富、幸福など、この世にあるすべてのものを創り出すのです。

財政問題と想像

友人のビジネスマンがお得意に卸した商品の代金約一万ドルを集金することができずに困っていたことがありました。友人はその男に対してすでに二年も催促していましたが、今に支払うからという空約束ばかり聞かされていました。彼はそのお得意とビジネスのつき合いが長かったため、このことを訴えるのはためらっていたものの、その男に対して深い憤りを感じていました。

私の勧めで、その友人は彼のお得意に対する心の態度を変えました。彼はそのお得意が実直で誠実で情にあふれ、親切であることを心に思いめぐらし、それを肯定し始めました。間もなく彼の様子が変わってきました。彼は毎日何度か腰をおろしてくつろぎ、自分が一万ドルの小切手を手にしているところを想像しました。そして、自分がそれを銀行に入れるところをありありと想像しました。更に彼は机に向かい、そのお得意にあてて彼が債務を弁済してくれたことに対し感謝するという想像の手紙を書きました。彼はその手紙に封をして机の引き出しの中にしまいました。

彼は自分が潜在意識に明確な絵を預け入れていることや、それを潜在意識が実現することについてよく理解していました。十日目のこと、彼はそのお得意から一通の封筒を受け取り、中には一万ドルの小切手と次のような手紙がはいっていました。「ここ数日貴殿のことを思い出しておりました。そして貴殿に全額の支払いをせねばならぬよう感じました。遅滞をお詫びいたします。後日説明申し上げます」。

これは転換された心の絵がすべてを変えたことを証明するものです。

想像力は砂漠に花を咲かせる

テレビ、ラジオ、レーダー、超音速機、その他あらゆる現代の発明は、誠に人の想像する心から生まれ出てきたものにほかなりません。あなたの想像力は音楽・美術・文学やさまざまな発見という貴い宝石をあなたに解き明かす無限の宝庫です。

秀でた建築家の仕事を考えてみましょう。彼は次の世代のための夢の都市計画を委託されます。美しい機能的な都市を心の中で築きます。彼は今までにだれも見たことのないような美しい光景を心の中に構築します。全体の調和のうちに各々の建物を芸術的に具体化します。それにプールと水族館の娯楽施設と公園などを加えて完成します。そして建設者にそのプランを渡します。彼の内的な夢は彼自身の外的な富となり、彼ばかりにではなく、無数の人々に富をもたらします。

あなたはあなたの将来の建築家です。あなたが今、一粒のどんぐりの実を見つめながら想像してみるとします。小川がよこぎり、川が流れる壮大な森林を築造します。その森林にあらゆる種類の生活をする人々を住まわせます。そして人々の憂いに虹をかけます。砂漠をごらんなさい。あなたはそれを「喜びて花咲かん、ばらのごとく」にすることができます。直観と想像力を授かっている人々は砂漠に水を見いだし、他の人にとって表面的にはただの荒野と砂漠でしかない土地に、彼らは都市を築きます。

砂漠の中の家

十年ほど昔、私はある人からアプル・バリーにいくらかの土地を購入しました。その人は一九三〇年代の例の恐慌のさ中に車でネバダへ行く途中、広大な砂漠アプル・バリーを通りました。そのとき彼は妻にいいました。「近い将来ここに町ができるだろう。人がこの砂漠に移ってきて家を建て、会社を興こし、学校や病院を建てるだろう。これは政府の土地だ。よし、六百エーカー（約一・六キロ四方）買った」。

そのときの一エーカーの価格は二ドルでした。一エーカー二ドルの投資をして、彼はちょっとした財産を作りました。その土地は今一エーカー当たり四百ドルか、おそらくそれ以上で売られています。それまでに無数の人がネバダへ行ったとき、その地を通り過ぎました。彼らがそこで見たものはただの砂漠でしかありませんでしたが、この男はそこに富を見たのでした。聖書は次のようにいっています。「わたしは荒野を池となし、かわいた地を水の源にする」（イザヤ書第四十一章十八節）。

わたしは山に向かって目をあげる

毎日の私のラジオ番組を聞いている学校の先生から一通の手紙を受け取りました。彼女は手帳に、「健康と富と愛と自己の表現」ということばを書きとめておいたそうです。彼女は未婚で、健康をそこなっていて、じゅうぶんなお金がなく、そしてどこかの大学で教えたいと職を求めていました。手帳の健康の字の下に彼女は「私は健康、神は私の健康」と書き、富の字の下には「神の富は私の富、私は豊か」、同様に愛の下には「神的に幸福なこの結婚生活」、自己の表現の下に「神的知性は私を適正な仕事に導く。そしてその職務を完全に遂行し、すばらしい収入を得る」と印していました。

彼女は毎朝毎晩手帳に書きつけたものを見ては次のことを肯定しました。「これらのすべての願望は、今私の潜在意識によって達成されつつある」と。それから先の各項目ごとの完全な結末を心で描いて、いくらかの時を過ごしました。彼女はかかりつけの医者が自分に「完全に治りましたね。もうだいじょうぶです」といっているのをよく想像しました。またいっしょに住んでいる母親が「あなたはお金持になった。……お母さんはとっても幸せよ。新しい所へ移って、そしてどこか旅行に出かけましょう」と自分にいっているところを想像しました。また、牧師が「私はあなたがたを夫と妻と呼びます」というのを聞き、想像の指輪が彼女の指にはめられるその肌ざわりや堅さを感じました。寝る前の彼女の最後の心の絵は、勤務先の学校の校長が彼女にこういうところでした。「あなたがおやめになるのはとても残念です。でも、あなたがこれから大学で教鞭を執られるというのを聞いてたいへんうれしい。おめでとう！」。

彼女はそれぞれに分けられた約五分の想像の映画を、完全に緊張をほぐし静かな喜びにひたりながら心に映しました。同時に、これらの心の絵が彼女の深層の心にしみ込み、それが暗闇の中で育くまれ、そして適切な時に適切な方法で客観化されるということを彼女はよく理解していました。彼女がこのような心理的訓練を心から楽しんで度重ねていった結果、彼女の生活は、彼女の毎日の鍛えられ、制御され、方向づけられたその想像の世界と同一のイメージへと、しだいに溶け込んでいきました。そして三ヵ月のうちに彼女の願望はすべて達成されました。

彼女は自分の心の中にあるもの、すなわち思想やイメージや感情や信念を用いて、自分に豊かな健康、富、愛、表現などをもたらすような生活の様式を形成する、何かデザイナーか建築家のようなものが自分の内に存在しているのを発見しました。彼女の好きな聖書の一節は詩篇の百二十一篇一節です。「わたしは山に向かって目をあげる。わが助けはどこからくるであろうか」。

あなたは絶えず想像している

それが建設的であるにせよ、破壊的であるにせよ、あなたは始終想像力を使っています。あなたが何かを考えるとき、それにはいつも心の絵が伴われています。あなたがあなたの母親のことを考えるとき、心で母親の姿を描いています。一軒の家について考えるとき、あなたはある家を心の目で見ます。貧困に打ちひしがれている人は常にいろいろな種類の欠乏と不足のさまを心に抱いています。そしてその心は、中に抱かれているイメージに従ってさまざまなものを生み出します。

あなたが間もなく結婚しようとしているとします。あなたはありありとした現実のような絵を心の中に描きます。あなたは想像の力を用いて牧師か神父か祭司を見ます。そして彼があなたがたの結婚を告げることばを聞きます。飾られた花と式場を見て、音楽を聞きます。指にはめられる指輪を想像し、新婚旅行にはナイアガラの滝かヨーロッパへ行くことを想像します。以上のことはみな、あなたの想像力によってとりなされたものです。

同様に、あなたが卒業しようとしているとします。心には卒業式の美しい光景が如実にくり広げられます。あなたは卒業についてのすべての思考とイメージで心理的に覆われます。あなたは学長か教授があなたに卒業証書を渡すところを想像します。学生全員がガウンを着ているところを想像するかもしれません。あなたは、父親か母親かあなたの恋人があなたに「おめでとう」ということばを聞きます。あなたは彼らの抱擁とキスを感じます。それらは劇的で心を踊らせるすばらしいことです。

イメージはどこからやって来るでもなく、豊富に現われますが、そこにはあなたが心の中で想像したすべてのイメージに現実の姿を与え、それらに命と動作と声を与える力をもった「内在する造物主」があることを認めさせます。これらのイメージがあなたにいっています。「あなたのために私たちは生きているのです」と。

証券マンが顧客のために富を描いた方法

私の知人に、依頼者にもうけさせるのをこの上ない趣味としている証券マンがいます。結局彼は非常な成功をおさめ、その証券会社の副社長にまで昇進しました。彼のやり方というのは非常に簡単です。彼は会社でいつも自分のデスクに向かう前に、別のところで静かに腰をおろして心を静め、体の緊張をほぐしゆったりとした気分になって、次のようなことを心に描くのでした。それは入れかわり立ちかわり来る依頼者と心の中で想像の会話を交すところで、彼らは異口同音に彼の賢明で確実な判断を称賛し、彼が適切な株を買ってくれたことに対して、彼らが心から感謝している様子でした。彼はまた、昼間の休憩の間にも再び心の中のこの絵にもどることを怠りませんでした。そのようにして彼は、この想像の会話を規則的に劇化し、潜在意識の中に強く植え込んで、それを信念の形にまでしてしまいました。彼が私にいうには、今まで多数の依頼者にかなりの財産を作ってあげ、そして彼の助言で損をしたという話はまだないとのことでした。この副社長は、「主観的に具体化された思考は、自然の秩序によって客観に表出される」ものであることを知っています。アイデアを深層の心で強く成長させるもの、それはたゆまざる心の絵です。頻繁に想像の映画を映しなさい。始終心のスクリーンにその映像をぱっと映し出すことを習慣にしなさい。間もなくあなたのアイデアはひとつの明確な習慣的典型で表わされてくるようになります。あなたが心の目で見る映画は、やがて広く外に現実の姿となって現われてくるようになるでしょう。

富の科学

想像の科学を実践するに当たって、あなたがまず始めねばならないことは、あなたの想像を強く育てること、また、想像をむやみにはびこらせないことです。科学は純粋を旨とします。もしもあなたが化学的に純粋な生成物を欲するなら、あなたは目的外の物質はもちろんのこと、他のすべての物質の痕跡すら除去しなければなりません。不要な雑物はすべて追い出さねばなりません。

右のことをあなたの心像について述べれば、すべての不純物、すなわち嫉妬、怨恨、貪欲、恐怖、心配などをあなたの心の中から排除することです。あなたは自分の生活の目的や目標に払う注意の焦点を合わせ、豊かで幸福な生活へとあなたを導くことになっているその目的や志が、そがれたり、曲げられたりすることを拒否せねばなりません。心の中であなたの願望の事実に没してそれに夢中になりなさい。そうすれば、あなたはそれらの願望があなたの世界の中で物的な形をとって実際に現われてくるのに気づくでしょう。

好景気が続いているビジネスマンが家へ帰って心の中で「失敗」という名の映画を映し、その中で財産がどんどんなくなっていくのを見て、遠からず自分が破産することを想像し、さらに自分のビジネスさえも閉鎖されようとしているところを心配しながら想像するとします。もしも彼がなお繁栄を続けるとしたら、この場合の彼の心の絵にはまだ真実性がないことを意味します。

言い換えれば、彼が恐れていることはまだ彼の病的な想像の中だけに限られたものです。もしも彼がその病的な心の絵を恐怖の感情を伴わせて描き続けるならば、いうまでもなく彼は失敗を招きます。彼は失敗と成功のどちらを選ぶこともできるのですが、彼は失敗のほうを選んで一歩踏み出したところです。

あなたを癒し、祝福し、繁栄させ、激励し、強くする心のイメージやアイデアや思想であなたの心をいっぱいに満たしなさい。自分はこんな人物になりたいと心に描くその人物に、あなたはほんとうになっていきます。あなたが持続している想像はあなたの世界を語ります。あなたに幸福をもたらす心の法則を信頼しなさい。そうすれば、あなたはさまざまの恩沢と生命の富とを豊かに経験するようになるでしょう。

この章の要約

(1) 想像力が世界を支配する——ナポレオン

(2) 想像はあなたの心の最も重要な能力のひとつです。それはあなたのアイデアに姿を与え客観性をもたらして、空間というスクリーンに投影する力をもっています。

(3) もしあなたがビジネスに携わっているなら、より大きなビジネスを想像しなさい。新しい発展を、新しい社屋を、新しい支店の増設を心に描きなさい。心の練金術をとおして、あなたはこれらの絵を現実のものとすることができます。

(4) あなたは人々のことを、「彼らはもっとはればれとして、幸せで、喜びにあふれ、豊かで成功した生活を送るべきだ」と思い、それを想像することによって彼らを豊かにすることができます。その心の絵を誠実に育くみなさい。やがてそれは現実となります。これが人の幸福を祈るということです。

(5) もしあなたがあなたに債務を負っている人から集金できずに困っているなら、その支払いの小切手があなたの手の中にあるところを想像しなさい。その現実性を感じなさい。そしてその負債者に感謝して彼の繁栄と成功を祈りなさい。彼はあなたにそれを支払うようになるでしょう。

(6) ラジオ、テレビ、レーダー、超音速機などすべての発明は、人の想像する心から生まれ出てきたものにほかなりません。想像力は心の深さを測り、そしてそこにあるものはその内容に応じて客観化され、空間というスクリーンに投影されます。

(7) あなたが砂漠をながめるとき、あなたはそこに何を見いだしますか。ある人は富を見いだし、その砂漠を「喜びて花咲かん、ばらのごとく」にします。想像は神の工場と呼ばれています。

(8) 心に願望の映画を映し、その完成を想像しなさい。あなたの潜在意識がそれを実現します。

(9) あなたはそれが建設的であるにせよ、破壊的であるにせよ、絶えず想像力を働かせています。あなた自身のためばかりではなく、人のためにもよい知らせのみを心にとどめ、美しいことを心に描きなさい。「自分が他人に対して心に描いているのと同じことが、自分のことになったとしてもいいだろうか」と自分自身にたずねてみなさい。あなたの答えは然りであるべきです。記憶しなさい。あなたが他人に対して望んでいることを、あなたは自分に対しても望んでいます。

(10) 人々が繁栄し成功して、幸福で、豊かで、喜びに満ちあふれているところを想像しなさい。これはあなた自身が富を得るまちがいない方法のひとつです。

(11) 想像の科学を実践するに当たっては、すべての不純物、たとえば嫉妬、怨恨、貪欲、疑い、恐怖、憤慨などを心の中から排除せねばなりません。あなたの目的にあなたの注意の焦点を合わせなさい。そして、それが神的秩序で達成されたところを想像しなさい。

(12) 人とは「自分はこういうものである」と自分で心に描いているところの、そのものです。りっぱで高貴で、そして神的であることを心に描き、それを感じなさい。そうすれば天のあらゆる富があなたに引き寄せられてくるでしょう。

第12章　自己高揚と富

「そして、私がこの地から上げられるときには、私はすべての人を私のところに引き寄せるであろう」とヨハネ伝第十二章三十二節にあります。

これは聖書の他の叙述と同じく、純粋に心理学的で精神的なもので、私たちに、貧困とさまざまな病苦と欠乏と拘束から自分たちを引き上げ、向上させるにはどうしたらよいかを力強く簡明に説いています。

自己をより高く向上させるためには、まず願望を高め、そしてその実現を強く確信できるようにならなくてはなりません。そうしたときに、あなたの願望が客観化されてきます。それまで眠っていた肉体的感覚が新たな発見をあなたに告げます。そして、あなたは内的無限の存在と力とに出会います。そこにあなたの心の錨をおろしなさい。その無限の存在はあなたに返答できるのです。あなたがその神的力を呼び起こすとき、はじめてそれはあなたに答えます。そこから通常の肉体的感覚を超越する勇気と信念と強い力と英知とを受けなさい。そしてあなたは高められ、古い感情は死に去り、新しい感情が生まれてあなたを包みます。

打ちひしがれた状態にあっては富を顕現させることができません。あなたの将来の姿を見つめ、その現実性を完成させなさい。そうすれば、あなたはすべての障害と困苦とを乗り越えて前進することができるようになります。内なる神的存在について黙想するならば、心の奥に潜む恐怖の影は自動的に霧となって消えていきます。

これは通常ありがちなことですが、偶然を頼りにして、貧困と暗黒の巷から一躍富と誉れと名声を得て浮かび上がるようなことを願ってはなりません。次の単純な真理を覚えなさい。

あなたは常にあなたの人格を実証しているのです。あなたの人格があなたの人生を支配します。

「いと高きところ」へ登るために

あなたのエネルギーと才能と能力とを解き放ちなさい。内的な力について更に学ぶべく、熱心さを養い、情熱を燃やしなさい。そうするならば、あなたは驚くべき偉大な高所まで自己を持ち上げることができます。精力的で確信に満ち、進取の気性をもち、黄金律を実践して正確な判断をくだす実業界の人々は、偶然の幸運や、特定の組織体とのつながりの有無に関係なく、人生を成功へと導きます。

あなたの性格と精神的態度があなたの成功と失敗を決めます。これはあなた個人の真理であると同時に、あなたのビジネス、あなたの教会、またはあなたが属する事業体、そしてあなたの国についてもいえる真理です。

もしもあなたが自己を向上させ、平凡であることから抜きいでたいと願うなら、あなたが欲するものを神に求めなさい。神はあなたに答えます。欲する物を日夜沈思黙考することによって、潜在意識の中にそのもののゆるがぬ像を打ち建てなさい。

障害を乗り越える喜び

自己を育て、高めて、あなたの内的な神性を発見しなさい。難題と困難と挑戦に出会っては、たじろぐことなく立ち向かい、そしてそれらに打ち勝ちなさい。喜びは打ち勝つことにあります！　どんなパズルも、あまりに簡単に解けてしまっては味がありません。橋梁を構築するエンジニアは、障害と失敗と困難とに打ち勝って深い喜びを味わいます。

知恵と力と理解力とをもって富を育てていく間、絶えず精神の刃をとぎすますことを怠ってはなりません。それをあなたが怠るとき、あなたは自身の中の神性を生かすことができないでしょう。

あなたの子供が幼いならば、あなたにむやみに依存する態度を身につけさせてはなりません。彼がその年齢に達したら、彼に芝を刈ることを教えなさい。新聞を売る方法を、駄賃仕事を、じょうずにやる方法を教えなさい。彼に勤労の尊さを教え、そして隣人のために芝を刈って得たり、新聞を売って得たお金については、彼が仕事をよくやったためにもらえたものだということを教えてあげなさい。これはあなたの子供に仕事をやり遂げた、人に奉仕し人のために役だった、という誇りをもたせることになるでしょう。また、それは彼に自信をもたせるもとにもなります。彼にまた、他人の善きことを正しく評価する態度を身につけさせ、自分でもそうするための勇気を彼に与えなさい。そうすれば、彼は絶えず自己の向上に励む人となり、けっして他人に甘えたり、めそめそしたり、不平をいったりすることはないでしょう。彼は、自分で得たお金はその価値を理解してたいせつにしますが、あなたが訳もなく与えたお金は、ジュークボックスやつまらぬ遊びのために浪費してしまいます。

人を向上させるときの注意

人に物を与えるときは、よほど注意せねばなりません。たとえば子供に対する場合、それがその子の成長と発展の機会を奪うことになってはなりません。お金や助けをあまりに簡単に頻繁に与えられている子供は、自己発見や自己開発するよりも、人に頼っているほうがよほど楽だと思ってしまいます。絶えず手助けを与えると、その子の人間性は破壊されます。子供の力強い特性を弱めたり破壊したりするのをやめ、彼に障害に打ち勝って、自分の力を発見する機会を与えなさい。さもなくば、あなたは彼をすぐ弱音をはき、絶えず助けを求めるような弱々しい人間にしてしまうでしょう。

ある女性が遠くからやってきた親戚の青年のために、いつも彼女の冷蔵庫をいっぱいにしていたのですが、私は彼女にいってそれをやめさせました。彼女の態度はこうでした。「かわいそうですよ、トムは。彼は見ず知らずの町へ来て勝手がわからないのです。仕事を探すといっても彼にとってはたいへんなことです」等々。彼女は彼のアパートの間代を払っていました。そのうえ、食料品を買い与え、仕事が見つかるまでといって小遣いまでも与えていたのです。彼はいつまでたっても仕事につかず、むしろ喜んで彼女に甘えるようになっていました。それだけならまだしも、その青年は彼女がもっとたくさんくれてもいいのにといって怒っていました！　彼女はクリスマスの晩餐《ばんさん》に彼を招きました。そのとき彼は、彼女の銀器のほとんどをほんとうに盗んでしまったのです。彼女は泣いて叫びました。「なぜ彼はこんなことをしたのでしょう。できることは何でもしてあげたのに！」。

彼女は明らかに思慮に欠けていました。彼女は、彼が真実の場所へ神的に導かれるべきであることを覚らず、また彼を天の富で精神的に覆うことをせず、比喩的にいって、彼にぼろをまとわせていたのでした。彼は無意識のうちにこのことをとらえ、彼女にたかっていたのでした。

空腹と欠乏と困窮にほんとうにあえいでいる人を援助するための用意はあって然るべきです。それは正しいことであり、善いことです。しかしながら、よくよく注意すべきはその人を寄食者にしないことです。あなたの援助は常に神的導きにかなったものでなくてはならず、また、あなたの援助の目的は彼の自助を助けることでなくてはなりません。人には、どこに生命の富があるか、どうしたら自信がもてるようになるか、人々のために貢献するにはどうしたらよいかを教えなさい。そうすれば、その人は他人にけっして一椀のスープや古着や施しを乞うたりしないでしょう。「……などのことを……しておきながら……重要なことを見のがしている」（マタイ伝第二十三章二十三節）。私たちはだれもが援助の手を喜んで差しのべようとしています。しかし相手の怠惰、怠慢、無神経、無関心などをかばう援助はまちがいです。

品性は運命の力

私たちはだれもが世の繁栄のため各々の問題に取り組んで力を尽くすべきです。各自の才能と能力を役だて、社会のために何かの形で貢献すべきです。ところが世間には、強健でいながら施物を乞うことを職業にしている人がたくさんいます。彼らはあなたが与える限りけっして働こうとしません。寄食者となって人に頼りかかるばかりです。そのうちの幾人かはその施物のおかげでお金を作り、豪華な家や車をもっていることがあり、ロンドンでもニューヨークでも、どこでもそんな人がいるものです。

どの人一人一人の内にも、未発見の才能と力と富とが隠れています。各自にはそれを開発する責任があります。子供たちには社会に対する彼らのその責任を自覚させねばなりません。

私たちは生命が流れいく人類の一部です。あなたがどんな仕事にあっても、あなたの持ち分を果たすことです。生命は信念と勇気と忍耐と根性とに報います。障害に打ち勝っていくうちにあなたの品性は高められていきます。その品性があなたの運命の力です。

あなたの内なる支え

政府や他人に頼るのではなく、あなたの内の神に頼りなさい。政府は、まず初めにあなたに頼るのでなければあなたのために何をもなしえません。更にいかなる政府も法律によって平和、調和、喜び、豊富、保障、賢明、隣人愛、平等、繁栄、善意を定めることはできません。それらすべては、あなたの中の精神世界から得られるものです。

世間には自分の名前、背後関係、世襲、容貌などに頼りかかっている人がいます。しかしそのような生き方は彼の内面がいかに空虚であるかを世間の人が知ったら、もうそれまでです。そして彼は地に落ちます。内にあって支える力が何もないからです。

自殺か再建か

ロサンゼルスのある会社の重役の話ですが、彼は一九二九年の例の株式暴落でいっさいを失ってしまいました。彼の兄もそうでした。二人ともそれまで百万ドルを越える財産をもっていました。兄はその損失を苦に自殺してしまいました。すべてを失ってもう生きる意味がないと、死ぬ前にいっていたそうです。

この重役はそのとき自分にこういい聞かせました。「私はお金をなくした。しかしそれが何だ。私は健康とすばらしい妻と能力と才能に恵まれている。もう一度出直そう。神は私を導き、私のために新しい扉を開いてくれる」。彼は腕をまくり上げると庭師になり、そこここと仕事をして歩きました。彼はいくらかのお金を貯えて株式に投資しました。そして買った株が途方もなく上がっていき、彼は再び財産を作りました。彼はまた、人に助言を与え、それぞれにいくらかの財産を作らせたりもしました。

彼は自分で自分を向上させたのです。それは彼が、困難にあって解答と、そこから抜け出す方法とを示してくれる神的力が自分の中に存在していることを知っていたためでした。彼は自分の中の精神的予備軍に出動を命じて、力と勇気と知性と導きとを得たのでした。

無限の富はあなたのもの

聖書に「神に近づきなさい。そうすれば神はあなたに近づくであろう」（ヤコブへの手紙第四章八節）とあります。これは、無限の知性があなたに答えようとしていて、それはあなたが呼ぶときに答えるということを意味しています。「私と父はひとつである」（ヨハネ伝第十章三十節）。あなたと神はひとつです。

政府や土地や株式や、または他人や親戚などに頼りかかってはなりません。あなたを常に守り、支えている内的な神の力に信頼をおきなさい。外を見ず内を見つめなさい。もしもあなたが外に助けを求めるなら、あなたは内的な富を否定していることになり、自身の力と賢さと知性とを損うことになります。

あなたの中の神性を認め、威厳をもった精神的な存在であるあなた自身を信じなさい。更に、あなたの内に閉じ込められている壮麗な輝きは、開放されるのが当然であるという真実について黙想しなさい。

あなたを支える無限の力が内にあることを自覚し、絶えず自己を向上させる人になりなさい。この力はあなたを持ち上げ、癒し、励まし、新しい繁栄への扉を開き、新しい創造的アイデアを授け、永続する深い安らぎをあなたにもたらします。それは昨日も今日も明日も永遠に変わることのない力です。あなたがなすべきすべてはこの存在に全信頼をおき、そしてその力を信じることです。そうすれば、やがてあなたの生活に奇跡が起こります。

向上する人は問題に直面してもひるむことなく、自分自身にこういって聞かせます。「この問題は神的に解かれる。問題がここにある。だが同時に神もここにある」。そして彼は勝ちます！　彼は信念と勇気と自信をもってあらゆる難局、ビジネスの問題、技術的難題に立ち向かいます。そして病や恐れを征服していきます。人は心の中の病窟をなくさない限り、肉体の病窟をなくすことはできません。古い諺に、「弱い雛《ひな》は強い雛につつかれて死ぬ」というのがあります。学校でもいじめっ子が弱い子供をいじめますが、いじめられる子は内面においても弱い点があるものです。しかし彼がいじめっ子に対して立ち上がり、面と向かって挑戦するとき、いじめっ子といわれる子供は普通退いてしまいます。

あなたはすべての悪条件を乗り越えられる

神の子としての尊さと偉大さを感じなさい。そして他人の侮辱、非難、中傷などに対してあなたが免疫となっていることを知りなさい。なぜなら、あなたは神と一体だからです。あなたが内なる神的存在を賛美し愛するならば、すべての人は――たとえあなたに敵と呼ばれる人がいたとしてもその人でさえ――あなたに対して善きことをなさずにはいられなくなるでしょう。

苦しみを心に受け入れてしまう前に拒みなさい。いかなる状態に陥っても、けっして自己を放棄してはなりません。あなたは超人間的存在です。すべての環境、条件を乗り越えて、あなたは精神的に自己を高めることができるのです。

アブラハム・リンカーンは、時の閣僚の一人の軍事長官が彼のことを「無知なひひ」と呼んでそしり中傷したときに、「彼は建国以来、最も偉大な軍事長官だ」といいました。だれもリンカーンを傷つけ彼の自己を損うことはできませんでした。リンカーンは自分の強さのありかを知っていました。また、彼は、他から影響を受けて自身の心が地に落ちてしまうのを自分で許すことさえなければ、だれも彼を引きずりおろすことはできないことを知っていました。リンカーンは自己を向上させる人でした。それは、彼自身ばかりでなく彼に内在した神性の自己をも高める人だったという意味です。それによって彼は国全体を向上させる強さを得たのでした。

ゆるぎなき強さを得る法

あなたが人々を精神的に高めたり助けたりする前に、まずはじめにあなたが自分の知性と理解力とを高めておく必要があります。あなたは自分でもっているものしか人に与えることができません。しばしば、街頭演説者や独善的言辞をはく人々は、単に自分の欠点や欠陥を他人に投影しているにすぎない場合があります。盲人が盲人を導くことはできません。
あなたは自身を誇れる存在だと思えるようにならなくてはなりません。あなたの真実の自己は神です。あなたに内在する神的存在をほめたたえ、あがめ尊びなさい。そうすることによって、あなたが自身をそれほど尊い存在だと思えるとき、あなたははじめて隣人を愛し尊ぶことができます。すなわち、あなたが真に神を愛するとき、あなたはすべての人々に善意を施すことができるようになります。

神は聞いてくれます、語りかけなさい。
そうすれば、神性と精神は一体となります。
神は息吹きよりも近くに
あなたの手足よりも近くにあります。

テニソン――より高き汎神論（第六節）

あなたの奥深くで往古の栄誉に光輝くあなたの本質を見きわめなさい。あなたの真実の光を輝かせなさい。あなたの弱点と欠点と不足を補う神の愛が、あなたに流れくるようにしなさい。向上する人は自分の中に神を見いだし、その存在を自己の拠り所とすることによって、ゆるぎない強さを得ています。
向上する人は、神に欠けるところがないために自分がすべてに打ち勝って前進できることを知っており、自分が神と一体なるがゆえに、何事をも恐れず、挫折したり自己を失ってしまうことがありません。

あなたの新しい評価を確立しなさい

向上する人は次のように肯定します。「神がこの願望を私に与えた。神の知恵がその達成のために完全な計画を明かし示す」。これはすべての挫折感を霧散させてくれます。

私たちはみな、相互に依存しています。あなたは医師や弁護士や心理学者や大工を必要とすることがあるかもしれず、また、そのような人々があなたを必要とするかもしれません。私たちは互いに必要とし合っています。しかし、忘れてならないことは、私たち一人一人が内的神を高めること、そして一人一人が自由に晴れやかに輝き、喜び栄える神の子としてのあるべき姿を見いだすよう努めねばならないことです。

向上する人でありなさい。そして、人々の内にある神性をあがめ高めなさい。あなたはまず自分の中の神性を尊びあがめることによって、他人の神性を高めることができるようになります。そして、人々を堂々たる威風と名誉とでおおい、光り輝く神の愛で美しく飾りなさい。求めなさい。そうすれば樹々が語り、石が説き、小川のせせらぎが歌っているのがわかるでしょう。神はすべての物の中に、すべての人の中にいます。

向上する人はこの古いたとえが真理であることを知っています。「あなたが見るものにあなたは近づく。神を見れば神に近づき、塵を見れば塵に近づく」。

モーゼは荒野のへびを立ち上がらせたのですから、人の子が自分を向上させられないわけがありません。聖書における「子」とは「表現」を意味し、「人」とは「心」を意味しています。落胆し意気消沈し、あるいは恐怖におののくときには、あなたに内在する神の概念を高めなさい。あなたの心は神の無限の心の一部なのです。あなたの内には精神があります。これを人の次元でいえば気分、感情です。言い換えれば、あなたの内の不可視的部分は神であるということです。

落胆にあってはのそのそとはい回ったり、いじけたりして、環境の渦に巻かれ、日陰で暮らそうとしたり、生きていることについて言い訳をいうのをやめなさい。そのときは新しいことを企て、新しいあなたの青写真を作りなさい。

願望がかなえられた喜び

民数記の一節は次のようにいっています。「モーゼは青銅でへびを造り、それをさおの上に掛けて置いた。へびにかまれた者はみな、その青銅のへびを仰ぎ見て生きた」。いかに優秀な人も、この話をそのことばの意味だけで解釈することはできないでしょう。聖書は内的な心理的、精神的真実を描写するために、外的な具体的表現を用いています。比喩的にいって、へびにかまれた者たちは、彼らが憎悪、嫉妬、ねたみ、敵意、復讐などの感情にあふれたとき、へびにかまれたのです。多くの人々が成功した人に対して憎悪、嫉妬を抱いてかみつかれています。何百万もの人々が無知と迷信と恐れを抱いてかみつかれています。

モーゼは、神の力についてのあなたの自覚と、あなたの心底よりそれを引き出すあなたの能力のことを意味しています。青銅は、あなたの顕在意識と潜在意識の結合と合致の象徴です。もしもこの両意識の間に相争ったり矛盾したりすることがないならば、あなたの祈りはかなえられるでしょう。

あなたに内在する無限の神的治癒力を見つめ、神の真実があなたの真実であり、すべての人々の真実であることを確信するとき、あなたのあらゆる疾患は癒されます。それによってあなたは精神を自由に働かせることができ、はい回ったり、いじけたり、狭い世界に閉じ込もろうとする態度から、強い信念と自信と、神的喜びにあふれる誇り高き情調へとあなたを高めることになるでしょう。

今から向上する人になりなさい。あなたの中の精神は神です。それは無敵であり、不死身であり、永遠であって、全知全能です。あなたの心の中にあるこの存在および力と、あなたの思想および感情とを一致させなさい。そうすれば孤独、恐怖、疾病、貧困、劣等感というあなたの砂漠は、花咲かんばらのごとく、になるでしょう。

「私はあなたがたを鷲の翼に乗せて、私の所にこさせた」(出エジプト記第十九章四節)。それはまた、あなたに満ち足りた生活を送るための物的富をもたらします。

この章の要約

（1）自己をより高く向上させるためには、まず願望を高め、そしてその実現を強く確信できるようにならなくてはなりません。そうした時に、あなたの願望が客観化されてきます。あなたの将来像を見つめてその現実性を完成しなさい。

（2）あなたの性格と精神的態度が、あなたの成功と失敗を決めます。

（3）地上には二種類の人がいます。自己を向上させる人と、人に頼りかかる人です。

（4）他人のことをも天の無限の富を備えた者と認め、彼が向上するのを助けなさい。

（5）あなたの品性は運命の力です。生命は勇気と信念と忍耐とに報います。障害に打ち勝ち乗り越えることによって、品性を養い育てることができます。

（6）天の富はあなたのものです。無限の英知はあなたに返答しようとしています。それはあなたが呼ぶときに答えてくれます。

（7）内にある神的存在を高め、それと合致するならば、すべての苦境を乗り越えて立ち上がることができます。

（8）自分のことを誇れる存在だと思えるようになりなさい。あなたの真実の自己は神なのです。神をあなたの中心としてあがめなさい。そして、唯一の実体であり唯一の力である全知全能の神性を賛美し、あがめ、尊びなさい。

（9）向上する人でありなさい。そして、人々の内にある神性をあがめ、高めなさい。あなたはまず自分の中の神性を尊びあがめることによって、他人の神性を高めることができるようになります。

(10)　あなたに内在する無限の治癒力を見つめなさい。その返答を感じるとき、あなたは祈りがかなえられた喜びを経験することでしょう。これは財政的豊かさに関することも含んでいます。

第13章　感謝の心が富をもたらす

「われらは感謝をもって、主のみ前に行こう」（詩篇第九十五篇二節）。

あらゆる精神的、物質的富が人にもたらされる全過程は、感謝という一語に要約されてよいと思います。善いことを受けて感謝する気持は、それ自体心からの祈りです。感謝する心のある人は幸福な人であり、豊かな人です。シェイクスピアはこういっています。「なお主よ、私に命を与えてくださった御方、感謝にあふれる心を与えてくださった御方」。

アメリカの最も賢明な哲学者の一人であるヘンリー・ソローは「われわれは生を受けたことに感謝すべきである」といっています。もしもあなたが生まれてこなかったとしたらどうでしょう？　あなたは美しい日の出と豪華な日没の光景を見ることはなかったでしょう。あなたの子供の愛くるしい目を見ることも、あなたが飼っている犬の主人を慕って見つめるあの目つきを見ることもなかったでしょう。また、大自然や、星のきらめく天空の美を見ることもなければ、魂の日々の糧を知ることもなかったでしょう。

あなたはあの日に照らされて、ダイヤモンドのようにきらきらと輝く雪に覆われた山々を見ることもなかったでしょう。また、愛する人を抱擁するときの情愛を感じることもなかったでしょう。あなたを取り巻くさまざまな富を見ることもなければ、美しい草花や新しく刈り集められた乾草の甘い香りを知ることもなかったでしょう。

黎明の美しさを味わえることに感謝する気持を抱きなさい。神の美を見ることができる目をそなえ、大空の音楽と鳥の歌を聞ける耳をもち、神の調べを奏でることができる手と、慰めと勇気と愛を人に語りかけることを可能にする声とを、あなたが備えていることに感謝しなさい。

あなたの家庭、愛する人、親類の人々、仕事、同僚に感謝しなさい。次のことを絶えず口にすることです。「私は家族の一人一人の幸せを祈ります。私は夫の（あるいは妻の）、子供たちの内にある神性をあがめ賛美します。私は彼らがしているすべてのことが首尾よくいくことを祈ります。私は、得たすべての賜物に感謝します。私は受けるより与えるほうがより祝福されることを知っています。私の協力者と顧客と、すべての人々の幸福を祈ります。私の仕事は発展し、拡大し、倍加し、増大し、幾千倍にもなって返ってきます」。

感謝の法則

あなたの願うよき成果を得るために、まず第一に、すべてのものが流れくる無限の英知が存在することを完全に受け入れ、第二に、この根源があなたの思想の傾向に従って返答するものであることを覚え、第三に、深い感謝の気持をもって無限の英知とあなた自身とを結びつけなさい。

そこに感謝の法則があります。この法則について比喩的に語る聖書の一節を引用すると、それは「あなたが神に近づくならば、神はあなたに近づくであろう」です。これは作用と反作用の自然の原理であり、また、宇宙の法則でもあります。更につけ加えると、これは、あなたが潜在意識に植えつけるものはどんなものでも必ず外的な世界に具体的な形をとって現われてくるということを、ことばを替えて述べたものです。あなたもその一部にあずかっているこの世のよき事とよき物をたたえて、高められた感謝の気持を心に抱くならば、すでに求めるものがもたらされつつあると、あなたは心の奥深くで信じてまちがいありません。

感謝は富を引き寄せる

整骨療法を開業しているある人の話ですが、彼は少年のころから貧乏の中に育ち学校へ行くのもたいへん苦労した人です。彼がはじめて看板を出したとき、第一週目が過ぎても患者は一人も訪れませんでした。彼は非常に不愉快に思い、いらだっていました。二週間目のある日最初の患者がやってきて、彼にいいました。「あなたがここにオフィスを開いてくださったことを私たちは感謝しています。私たちはこの近隣にあなたのような方を必要としていました。あなたがここで繁盛するようお祈りします」。彼女はつけ加えました。「私は何事に対してもいつも感謝することにしているのです。非常に多くの人が感謝することを忘れているばかりに、みじめで貧しい生活に甘んじています」。

このときが彼の人生の転換点となりました。彼女のことばは彼の心の奥深くに沈み、そして彼はあらためて何事にも感謝することを心に決めました。彼は自分をとおして彼女を癒す治癒力に感謝を捧げ、また、彼女の治療代に感謝しました。彼がすべての治癒の根源である神や自分の身を取り巻くさまざまな幸せに感謝の気持を抱けば抱くほどに、彼はますます善きことにめぐり会うようになりました。彼の感謝する態度は彼の心をしだいに深遠な創造力へと近づけていきました。人から人へと彼のことが聞き伝えられ、患者が大ぜいやってくるようになりました。彼の知恵はますます富み、奇跡的療法を人々に施して、非常に豊かで有力な治療所を築き上げました。

感謝の技術

ある父親が娘に、彼女の卒業祝いとして世界旅行をプレゼントすることを約束したとします。彼女はその費用をすでに渡されたのでもなければ、まだ旅行に出かけているのでもないのですが、彼女は非常にうれしくなって心は幸せで満ちあふれ、あたかもすでにヨーロッパから東洋へ向かう船に実際に乗っているような喜びにひたります。彼女は父親が必ず約束を守ることを知っており、心から感謝してその贈物を心に受け入れ、胸をときめかせてその日が来るのを待ちます。

あなたが自動車を買うことにして取次店へ行くとします。けれども、そこにはあなたが希望するものとぴったり同じ車がありません。そこであなたがセールスマンにあなたの希望をくわしく述べると、彼はそれを注文してあなたの家へ届けるといいます。あなたはセールスマンに礼を述べて歩いて帰ります。あなたが遠からず注文したのと全く同じ車を手に入れるのはまちがいありません。あなたはそのビジネスを運営している人の廉直と誠実さを信じ、信頼しているからです。

さてあなたは、けっして変わることがなく、そして私たちが信じ、信頼することに完全な誠実さをもって答えてくれる無限の存在と、その創造力の法則に、どれほどの信頼をおいているでしょうか！

なぜ感謝するか

「すべてのことについて感謝しなさい」（テサロニケ人への第一の手紙第五章十八節）。

古代人のことですが、彼らは神について幼稚な観念をもっていて、神のことを専制君主的なやり方で宇宙を統治する擬人的存在と見なしていました。そして、彼らは農奴や奴隷が自分たちの生死を左右する力をもっている封建領主の前で屈従し、おもねるような態度で神に対していました。そのため、古代の人々は神の前でも彼らの領主に対するのと同じようにひれ伏し、乞い願い、哀願することによって神の機嫌をとっていました。

今日、人は神を、創造的法則をとおして活動する無限の英知と見なしています。この法則は、ある特定の個人に属したり占有されるものではなく、また、時がたって変化するものでもありません。昨日あったように今日もそうであり、永遠に変わることがありません。その無限の存在は、あらゆる人格的要素、すなわち愛、喜び、平安、賢明、知性、調和などを備えていて、その存在と調和し、その法則を正しく運用する人と個々に親密な結びつきをもつようになります。その無限の存在の奇跡や栄光や感応などを発見したときは、即座に胸の中に湧き上がってくるものを感じます。それは魂からほとばしる、深い喜びを伴った感謝と感嘆の感情です。ちょうど少年が化学や自然の秘密を発見したとき、身を踊らせ幸せそうに、その発見を父親に話して聞かせるのと同じです。その少年は当然誇らしげに喜び、称賛を求めます。あるとき十歳になる少年が私に学校で作った灰皿をプレゼントしてくれたことがあります。彼は私に、自分がどのように機械を使ってその金属を細工し、それらを溶接したかを説明しました。そのスリルとすばらしい仕事のさまを語る彼のまなざしは、想像するにかたくはないでしょう。その経験は、彼が学校の実験室でいっそうの秘密を解き明かそうとする意欲を引き起こしたことでしょう。称賛や感謝が神を動かすのではなくて、それが私たちの心の中に変化をもたらし、そして物質的富を含むあらゆる種類の善を私たちに引きつける精神的な磁石となるのです。

あなたの感謝と称賛とその手段とはけっして好意を求める屈従の態度で表現されてはなりません。それは神の法則に強い興味をもって心の深奥へと向かって突き進む感動の冒険でなくてはなりません。そうして初めて、あなたは自分の必要とするすべてを得られる能力が、自分の内に本然的に備わっていることを喜ぶにいたれます。あなたが必要とするすべてのものは、あなたが感謝の気持をもって受け入れるのを待っています。

あなたがもっているすべての物を、今まであなたに与えてきた神について、また、この宇宙の生命の本源についてあなたが深く知るようになったとき、あなたの心は誠の感謝と真の称賛とで満ちあふれます。「すべての用意はできている。もしも心に用意があるなら」（シェイクスピア）。

感謝は奇跡をもたらす

ある男がいいました。「請求書が積み重なるばかりです。お金がありません。このままでは遠からず破産です。どうしたらいいでしょうか?」。私は彼に次のことを実行するよう勧めました。一回に十分か十五分、一日に二度か三度、静かに腰をおろして大胆にこう肯定すること。「主よ、あなたの富に今、感謝します」。そしてくつろいだ平和な気分になって、感謝の気持が心を完全に支配するようになるまでこれを続けること。

彼は心の中の富の意識とそのイメージが、必要としている富やお金をあみ出す第一因であることを知りました。彼の思考と感情は以前の思わしくない条件と完全に関係を断った「富の実体」でした。

「主よ、感謝します」とたび重ねて繰り返しているうちに、彼は豊かな富を心に感じ始めました。そしてときおり、消極的な感情に襲われるとすかさず「主よ、感謝します」と、心の安まるまで唱えたりしていました。彼はこの感謝の気持を心に抱き続けるに従って、自分の心が富の観念に条件づけられていくのを感じ始めました。そして、ついに彼の求めていた富が現実のものとなりました。ある日のこと、彼はある社交集会で以前勤めていた会社の社長に会いました。その社長は彼に取締役のポジションを申し出て、多額のお金を先払いで渡してくれました。そのお金で彼はすべての請求書を支払い、負債全部をなくしてしまうことができました。彼は私に、「『主よ、感謝します』の奇跡を、私はけっして忘れないでしょう」と、ことばを強めていいました。

感謝の価値

感謝の念はあなたに無限の存在との調和を保たせて、あなたをその創造的法則と結合させます。感謝の価値は単にあなたに多くの天恩をもたらすことだけにあるのではなく、あなたの現在の環境条件を思うとき、感謝の心なくして心の安まることはないということも記憶すべきです。

もしもあなたが貧困、欠乏、孤独、陰うつなどに心を許すならば、あなたの心はそれらと同等の形態を外界に運び出します。それは、「あなたが注意を向けることを経験する」という法則に基づくものです。

記憶しなさい。もしもあなたが欠乏と限界の観念を心に受け入れるならば、それはみじめで、痛ましい環境に身を置くのを認めることと同じです。

あなたの注意を生活における最高と最善とに向けなさい。そうすれば、あなたはもろもろの最高と最善を経験し、それらで取り巻かれるようになるでしょう。

潜在意識の創造的法則はあなたが深く考えながら予期するイメージへと、あなたを整え造り上げていきます。あなたが考えている姿にあなたは実際になっていきます。感謝の気持をもつ人は、継続して変わることなく人生のよきことを期待します。そしてその期待は、必然的に実際の形をとって現われてきます。

あなたが受けるすべてのよきことに感謝する習慣を身につけなさい。すべての人があなたの幸福のために貢献しています。ですからあなたは、感謝の祈りの中にすべての男女を含めるべきです。そうすれば、そのことはすべての人、すべての物の中にある善とあなたとを無意識的に相通じ合わせます。そして、すべての人と、生命と大地の豊かな富とが、あなたに自動的に引きつけられるようになるでしょう。

あなたは恵まれていることに感謝していますか

何年か前のこと、私はある地方新聞で二歳のときに盲目になってしまった人の話を読みました。片方の目は完全にだめになったのですが、後に他方の目を手術したところ見えるようになりました。そして彼がまず最初に見たのは彼の妻の顔でした。彼女の美しさは彼にとってこの世の何にもまさっていました。彼は無上の幸福感にひたりました。結婚してこのかた四十年もの間、彼は一度も妻の顔を見たことがなかったのです。あなたはあなたの目に、あなたの体に感謝していますか。あなたの妻に、夫に、家族に、上役に、部下に感謝していますか。神を信じることができることに感謝していますか。すべてのよき物事に感謝していますか。

許すことがもたらした富

この前のクリスマスに私は、二十年間も両親と音信を断っていたという男と話をしました。それは結局彼の誤解だったのですが、彼はその間両親が、自分にくれたよりも多くのお金と財産を兄に与えたと思っていて、そのことで憤懣と復讐心をずっと抱き続けていたのでした。彼の二人の部下がいいました。「クリスマスにこうして、みんなが国へ帰って両親を訪問しますが、両親があるということはすばらしいことでしょうね。クリスマスにそんなことができたらどんなにいいだろうと思います。私たちは小さいときから親を知らないんです。親というのはすばらしいものだと思います」。先の男は心に強い衝撃を受けました。そして両親に対する憤懣と敵意はたちどころに消えてなくなり、クリスマスの贈物を買うと国の両親を訪ねて二十年ぶりの喜びの再会をしました。そのとき両親は彼への贈物として相当額の株式を彼に譲りました。それは今までに彼が兄とのことで損をしていると思っていた額をはるかに越えるものでした。

許すことは与えることです。与えるものは愛や平和や生命の恵みです。「受けることより与えることのほうがより祝福される」と書かれています。

感謝の念が五百万ドル引きつけた話

これは感謝する心の力の物語です。その若者の名はルーシャン・ハミルトン・タインといいます。彼はイリノイ州のピオリアで生まれましたが、そこは、大きな夢を描き、大きいことを考える若者の野望を満たすにはあまりに貧弱な土地でした。ルーシャンはシカゴへ行って運を試してみる決心をしました。間もなく彼はそこでオフィスの雑役夫のような仕事を得ました。しかし給料は非常に低く、生きていくのがやっとという状態で、間代を払った後は一日当たりわずか五十セントの食費が残るだけでした。そのため彼は五セントのチョコレートで毎日の昼食をすましていました。朝食に十セント使い、夕食は三十五セントを越えてはなりませんでした。彼は非常に信仰心が強く、毎朝手の中にその五十セントの硬貨を握っては、使い始める前に「神様がこれを殖してくれます。感謝します。私は日毎により多くのお金を得ます」と繰り返し唱えることを習慣にしていました。やがて彼は、成功した賢明な人々に会うようになり、彼の行く手によりよい仕事が次々と現われ始めました。彼はそのいずれをも時期を失せず有利にとらえていきました。そして、「主よ、感謝します」を絶えず口ずさんでいました。何年かが過ぎました。多くの有力者が彼の意見を求めてくるようになりました。彼はあたかも奇跡的な才能を授かっているかのように見え、彼の頭脳はますますその鋭さを増していきました。彼のビジネスにおける明敏さは、人々から称賛され深く信頼されました。彼は人々が持ち込んでくるビジネス上のさまざまな問題を次々と解決していきました。成功をおさめたひとつひとつの結着の前後にはいつも「主よ、感謝します」と唱えていました。

ある日のこと、ふと彼にすばらしいアイデアが浮かんできました。それを仲のよい友人に詳しく話したところ友人は、「その発展の可能性はたいへんなものだ」といってうなずきました。彼らは二人で組んで会社をつくり、その名を「ゼネラル・ガス・アンド・エレクトリック・カンパニー」とつけました。その会社は東部各州をまたにかけ、すさまじい勢いで伸びていきました。後年、彼らはその会社を他人に譲ったのですが、伝えられたところではその金額は五百万ドルだったということです。

ある詩人がいいました。「主よ、われに今ひとつ、感謝する魂を与えたまえ」。

この章の要約

(1)　精神的、物質的富がもたらされる全過程は、感謝という一語に要約されてよいものです。

(2)　よき成果を願うならば感謝の法則に従わねばなりません。潜在意識に植えつけられたものは、どんなものでも必ず外的な世界に現われてきます。物的な富やあらゆる種類の豊かなることを喜び、それらに対して感謝を捧げなさい。感謝しつつ富を心に感じなさい。それはあなたの深層の心に植えつけられ、やがて実際のものとなります。

(3) 現在のあなたの所有物、あなたが浴しているさまざまな恩恵に対して感謝しなさい。そのひとつひとつを数えあげてみなさい。神はあなたの富を倍加するでしょう。

(4) あなたの生活に富をもたらす創造的法則を知っていることに対して、絶えざる称賛と感謝を与えなさい。あなたの父親があなたに車を買ってくれる約束をしたら、あなたはそれをまだ手にしていなくとも感謝します。天の父があなたに与えようとしているものは量ることができません。天の父があなたに求めていることは彼に対するあなたの信頼です。

(5) すべての人の祈りに答える創造的法則をとおして働く無限の英知、無限の知性、それが神です。あなたに内在する富と栄光を発見したとき、求めていたものがもともとあなたの中にあって、見つけ出されるのを待っていたのだということを知った喜びと誇りで、あなたの心はいっぱいに満たされるでしょう。

(6) 一日に十五分ほど腰をおろし、心を静かに落ち着けて、「主よ、あなたの富に感謝します」と肯定しなさい。あなたの生活に金銭的なことを含めたさまざまな奇跡が起こるでしょう。

(7) 感謝の気持はあなたに無限の存在との調和を保たせ、あなたを宇宙の創造力と結合させます。そして、あなたは無数の恩沢を引きつける精神的磁石となります。

(8) あなたはあなたの目に、体に感謝していますか。あなたは妻に、夫に、家族に、上役に、部下に感謝していますか。

(9)　許すこと、それはあなたの中に無限の治癒力を招き入れる道をつくります。多くの人は他人を非難し、憤り、敵意を抱いたりするために富を得そこなっています。そのような態度は、あらゆる富および健康の本源とあなたとを結びつけている絆を断ちます。先のどれかがあなたにあてはまるなら、心の中にその刺がなくなるまで他人を祝福し続けなさい。

(10)　もしもあなたのポケットにごくわずかのお金しかなくとも、こう唱えてそれを祝福しなさい。「神がこのお金を殖す。これが絶え間なく殖え続け、とまることがなく流れ続けることに私は深く感謝する」。あなたは思いもよらぬほどの富を引きつけることになるでしょう。

第14章　ことばのもつ不思議な力

あなたは今までにことばのもつ驚くべき力について考えてみたことがありますか。思考することは話すことです。あなたの考えはあなたのことばです。聖書に、「おりにかなって語ることばは、銀の彫り絵にはめ込んだ金のりんごのようなものだ」（箴言第二十五章十一節）とあります。私たちはまた、次のようにも教えられています。「ここちよいことばは蜂蜜のように魂には甘さを、体には健康をもたらす」（箴言第十六章二十四節）。

あなたのことばは耳にして甘い響きがありますか。もしもあなたが、「もうどうにもならない」「不可能だ。今からでは遅すぎる」とか、「お金がないからできない」「やってみたがむだだった」というとすれば、それらは蜂蜜の甘さなどとは程遠いばかりです。それらは非建設的で、あなたをもち上げたり励ましたりするものではありません。それればかりでなくあなたがことばで決めてしまうことは実際に実現されてしまいます。

あなたが話すことばは、魂には喜びを、体には健康をもたらすものでなくてはなりません。すなわち、あなたが話すことばはあなたの意気を高め、あなたをふるい立たせ、幸せにするものでなくてはならず、また、あなたを支え、強めるものでなくてはなりません。今、断をくだし、次のことをはっきりと自覚しながらいいなさい。「この瞬間より以後使うことばは私とすべての人々を癒し、祝福し、鼓舞し、強め、繁栄させる」。

あなたのことばが文字どおり強くなったら、次には正しいときに、正しいことをいうことがたいせつです。更に、あらゆる場合のあなたのことばは、魂に甘く、体には健康をもたらすものであるよう気をつけなさい。そして、どうしたらあなたと係わり合うすべての人々を祝福し、鼓舞し、繁栄させることができるかについて考え始めなさい。

権威あることばを使う鍵

ことばがもつ力は水爆よりも強いといえます。なぜなら、ことばはその兵器を使うべきか差し控えるべきかを指図するからです。ことばは大洋を行きかう船の動力に、原子力を使うよう命令するのに使われ、またはそれを用いて都市や国家を荒廃させる命令にも使われうるものです。

ソロモンは「知恵ある人の舌は人を癒す」（箴言第十二章十八節）といいました。そして更に、「死と生とは舌に支配される」（箴言第十八章二十一節）とあります。ここに権威あることばを使う鍵があります。

私はこれらのことを、心臓を患って入院している男に話しました。彼は一日の大部分の時間を当てて自分自身にこういい聞かせ始めました。「私は壮健。神は私の健康」。間もなく彼の主治医は彼のみごとな快復ぶりを見て非常に驚きました。新たな心電図を取りましたが、それは何の異常も示していませんでした。彼が権威と確信をもって使ったことばは潜在意識に到達しました。そしてその返答が彼の体の快復でした。

彼は私にこういいました。「健康は富です。もう私を待ってくれている家庭にも仕事にももどれます。これで子供の教育も終わらせることができます」。

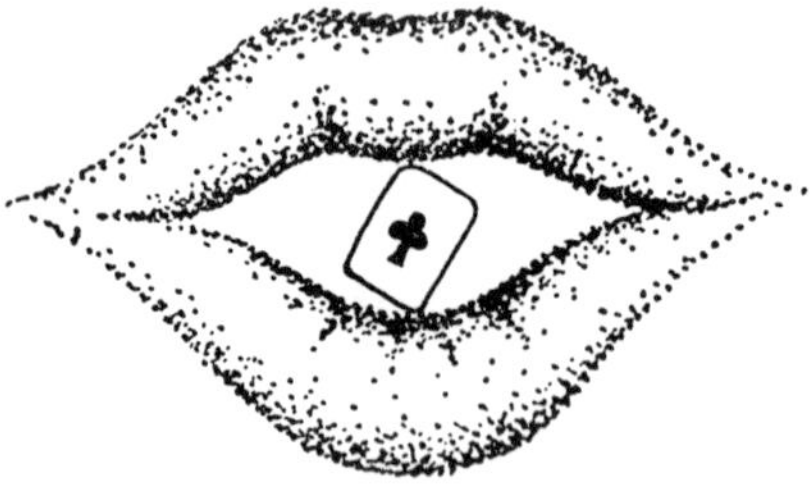

魂を込めたことばと富

いつか私が面談したある実業家の話ですが、業界での彼の繁栄と成功の鍵は次に述べる聖書の一節の奥にある真理を絶えず自覚していたことにあるとのことでした。

その一節とは、「私が話すことばは霊であり、また命である」（ヨハネ伝第六章六十三節）です。

彼はこういいました。「私の富と幸福とは私のことばと行ないによってもたらされたものです。私はそのことばに深い感情（魂）を込めました。私のその感情はことばの奥に隠れた真の証でした。そして、それがことばに創造的実体を与えたのです」。

彼はその世界で大を成し、富とは、正しいことばを適切に用いた結果であることを自ら証明しました。

ことばの権威と富

ある不動産業を営む人が、潜在意識に命令をくだして、目的を達する秘訣について私に話してくれました。その命令とは次のようなものです。「私のことばは、私のビジネス関係およびび私とつながりをもつすべての人々の生命の火を燃えたたせ、彼らに活気を与え、彼らを繁栄に導き、そして彼らに満足を与える」。彼のビジネスはますます繁盛していきました。

この人は大いに名を馳せて、たいへんな成功を収めています。彼は、「断固決定したものは必ず手にはいる」と確信しています。それは聖書が次のように約束していることと同じ意味です。「あなたが事を成そうと定めるならば、あなたはその事を成就して、あなたの道には光が輝く」（ヨブ記第二十二章二十八節）。

ことばは肉となる

いつか私は、財政的不運に苦しんでいる男を助けたことがあります。私は気づいていたのですが、その男はいつもこういっていました。「もしいくらかでも資金が手にはいれば、私は立ち直れるのですが……」。私は彼に説明しました。自分が話す無益なことばのひとつひとつに責任をもたねばならないこと、潜在意識は冗談を理解することがなく、決められたことを文字どおり受け入れてしまうこと、など。彼の両手は絶えず神経質にふるえ、口にすることばは疑いと心配を表わし、そして彼の財政状態は回転木馬のようにどうどうめぐりするばかりでした。

彼は活気あることばの変換力を使い始め、やがてその力あることばは肉となって現われてきました。彼は以後頻繁に次のように宣言しました。「私は富と成功を得る、と決めます。このことばは私の潜在意識の下に沈んでいきます。なぜなら私はこのことばの意義を深く知り、誠の気持で宣言するからです。私は財政的に保証されます。必要なすべてのお金が手にはいります。そして感謝を捧げます」。

間もなく、彼を取り巻く潮の流れが変わってきました。財政的にはうるおい、ふるえていた手も治りました。「そしてことばは肉となり、私たちの内に宿った」（ヨハネ伝第一章十四節）。

権威あることばの奇跡

キリストがラザロの墓で奇跡を行なったとき、大声でこう命じました。「ラザロよ、出てきなさい」（ヨハネ伝第十一章四十三節）。生き返った男は墓から出てきて、彼の姉や友人や権威をもって呼びかけたキリストに挨拶しました。「……キリストは……権威ある者としていわれた」（マタイ伝第七章二十九節）。

あなたのことばの力で、人を魅了し恍惚《こうこつ》とさせなさい。欠乏、限界、不和、不調に係わることばはけっして使ってなりません。命令することばを変えて、新しい肉体と新しい環境と精神的、物質的富とを築き上げなさい。「富よ来たれ！　健康よ来たれ！　成功よ来たれ！」と大胆に命じなさい。そうすれば、あなたは祈りがかなえられた喜びを経験するでしょう。

ことばは顧客を引きつける

私の『人生は思うように変えられる』（太刀川三千夫訳・産業能率大学出版部刊）の成功教室に出席した人々にもことばのもつ力について話しましたが、そのとき私は彼らに、何かのはっきりした、自分の心に訴えることばを決めて日に少なくとも二度、各十分以上、声を出して自分に命令するよう勧めました。オフィスで働いている人はいつも声を出して肯定することができませんから、そのような場合は実現したいことを紙に書き綴るよう勧めました。そして心の中で何度もそれを繰り返します。そうすると、しだいにその考えが潜在意識に沈んでいきます。

そのうちの一人の保険会社に勤める人の話ですが、彼は大胆にも次のように確信しました。「私は、自分の子供と自分の将来の生活保証のために投資するお金とそのことに興味がある人だけを引きつける」。このことばを心の中で繰り返すことによって、彼は以前にも増して保険に興味をもつ人々に会うようになりました。そして豊かな人に次々会っていくうちに、彼の生活規模はたいへん大きなものとなりました。

ことばのもつ力は神が人に与えた最も偉大な恩賜のひとつです。動物は人のように話したり笑ったりすることができません。あなたはことばを、祝福するためにも呪うためにも、癒すためにも病気にしてしまうためにも、また、富をつくるためにも、損害を受けたり貧困を招いたりするものとしても使えます。あなたを含む人の利益に反してことばの力を使うのをやめ、常にすべてを祝福しなさい。そうすればあなたは生涯を通じて、あざみの代わりに蘭の花を集めることになるでしょう。

遺産相続の問題を解決したことば

私の古い友人でサンフランシスコに住む女性が、あるとき私に電話してきて、目下検証を受けている彼女の父の遺言に自分が含まれておらず、財産は彼女の他の家族、すなわち彼女の兄弟姉妹の間で均等に分けられようとしているといいました。私の勧めで彼女はある弁護士に相談し、そして自分では日に三度か四度、各々十五分ずつ次のことばを肯定しました。「その財産には神的で協調的な調整がもたらされます。そしてそれは神的公正さをもってなされ、だれもが満足するものとなります。私は彼らを祝福し、彼らも私を祝福します。そして、幸せな結着を迎えます」。

約一週間の後、弁護士は彼女に電話し、彼らが遺言のことで彼女と争いたくないといっていること、また、彼女が違った信仰の人と結婚したという理由で父親が彼女を差別したのは正しくないと彼らが思っていることを伝えました。彼らは彼女がだれと結婚しようがそれは父親の関係したことではないといい、彼女にも財産が等しく分配されることに同意しました。その後、手続き上の協調的な調整がなされ、各自に同等の財産分与が行なわれました。

計り知れないことばの力

「ことばは人類が使っている最も強力な薬である」(ラドヤード・キプリング)。聖書はいっています。「主はそのみことばをつかわして彼らを癒された」（詩篇百七篇二十節）。

私たちはだれもが、自分自身に対しても他人に対してもことばのもつ癒す力を行使することができます。すみやかな効果を得られない場合があるとしたら、それは私たちの信仰と信念の弱さによるものです。次に、あなたの愛する人のため、友人のためにことばの治癒力をどう使ったらよいかを述べましょう。

彼の中にあって彼をとおしてあふれ出し、彼の周りを取り巻いている調和、健康、平安の存在、すなわち神の存在を感じなさい。彼は神の加護を受けていることを感じ取りなさい。たとえその人がそのことについて知らないでいるとしても、あなたは自分で、彼に治癒が進行していることを心から受け入れればよいのです。

もし必要なら日に何度もそうすることです。あなたの信仰は高まっていきます。治癒はゆるやかに進むことも、すみやかに進むこともありますが、それはあなたの信仰によります。これが、人に対してあなたの思想と感情そのものであることば、そのことばを「つかわす」ということの意味です。

予言者イザヤはいいました。「主なる神は私に教えを受けた者としての舌を与え、疲れた者に、時を得たことばをいかに語りかけ、助けるかを教えられた」（イザヤ書第五十章四節）。意気を揚々とさせることば、称賛のことば、愛のことば、だれがその力を測ることができましょうか。

新しい仕事への扉を開いたことば

ある六十歳になる婦人が、仕事に就きたくても年齢のためにどこの門も閉ざされていて仕事に就けないと嘆いていました。彼女は、次のように肯定しました。「私は神の子です。私は父なる神に雇われています。神は私にすばらしい報酬を支払ってくれます。神は私に新しい扉を開いてくれます」。

彼女は新たな強さと自信を得ました。それは彼女の態度にすぐはっきりと現われてきました。彼女は何軒かの職業紹介所を訪れ、そして間もなくすばらしい仕事に就くことになりました。そこの雇主は彼女が仕事を好んで続けていることや誠実さや、長年貯えられてきた彼女の賢明さにたいへん喜んでいます。

ことばは問題を解決する

ある若い秘書が、多少荒っぽいことば遣いで仕事をきびしく指図する人のもとで働いていました。しかし彼女はそのきびしさを苦にしまいと自分に対して次のように肯定しました。「この世に彼のようなりっぱな人はいません。神が彼の中にあって考え、彼をとおして話し行動します」。

いくらかの時がたって、その雇主はビジネスを彼の息子に譲りました。そしてその息子は間もなくこの秘書と恋に陥りました。著者はこの二人の結婚式の司式を執る喜びを得たことをたいへんうれしく思っています。この若い女性は自分のことばを思うように使って神的返答を得たのでした。

あなたが限りなき存在としての立場から話しかけるとき、あなたのことばは真実となります。「初めにことばがあった。そのことばは神と共にあった。そのことばは神であった」（ヨハネ伝第一章一節）。

この章の要約

（1）あなたの考えはあなたのことばです。ことばはあなたの心の紋を象徴します。思想はすなわちそのもの自体です。ことばはその姿を実現します。

（2）あなたのことばは原子力をはるかに越えて強力です。ことばは原子力を治癒手段として、または船の動力として用いるために使うように、あるいはその同じエネルギーを破壊のために使用するよう命令するのにも使われます。

（3）あなたは、自分の話すことばに感情を込めなさい。生命と意味をそそぎこみましょう。そうすれば、あなたの望みは、現実の世界に、経験、できごととなって実現してくることでしょう。

（4）自分に命令をくだしなさい。たとえばこのように。「私のことばは、私のビジネス関係および、私とつながりをもつすべての人々の生命の火を燃えたたせ、彼らに活気を与え、彼らを繁栄に導き、そして彼らに満足を与える」。あなたのビジネスは発展を重ねて繁栄します。あなたのことばはあなたの思想自体です。

(5)「あなたが事を成そうと定めるならば、あなたはその事を成就して、あなたの道には光が輝く」(ヨブ記第二十二章二十八節)。言い換えれば、あなたのことばは肉となる、すなわちあなたの世界に形をとって現われるようになるという意味です。

(6) あなたのことばには、あなたの経験にそれと同じものをもたらす精神的同等の価値があります。

(7) 権威ある人として話すことを学びなさい。あなたの潜在意識はあなたが命令をくだしたことばに返答します。

(8) 自分の心に強く訴えることばを決めて、それを自身に命令することを頻繁に繰り返しなさい。それらのイメージで心を満たし、それを不断の習慣にすることがあなたの人生に奇跡をもたらす秘訣です。

(9) 神的な立場からことばを放ちなさい。そうすれば、法的問題その他さまざまな問題に直面しても協調的な調整を見いだすことができるでしょう。

(10) ラドヤード・キプリングは、「ことばは人類が使っている最も強力な薬である」といっています。あなたの思想と感情を表わすあなたのことばは、あなた自身ばかりではなく他人をも癒す力をもっています。神の存在について考えなさい。そして誠の関心を抱くようになりなさい。あなたの意識の高まりに応じてあなたに治癒力がもたらされます。

(11) お客さんが支払いをしぶるのは、あなたのことばに原因がある場合があります。彼らを祝福しましょう。すると彼らの潜在意識がそれを感受し、彼らはすぐ支払ってくれます。

(12)　もしもあなたが職を探しているなら、次のことばを心を込めて唱えなさい。「私は神の子です。私は神にいつも豊かな報酬で雇われています。私は自分の完全な表現に満足し、すばらしい収入に感謝します」。

(13)　もしもだれかからきびしい指図を受けたら、「神が彼の中にある」と大胆に肯定し、神が彼をとおして考え、話し、行動していることを思い起こしなさい。そうすればやがて豊かに報いられます。

第15章　静寂と富

静寂は心の安息です。ちょうど睡眠が体の疲労を回復させ、新たな力を与えるように、静寂は人と神とを通じ合わせて、人の心を養い与え、心に生気を回復させます。エマーソンは「神々のささやきを聞くために沈黙しよう」といっています。

静寂とは、あなたの注意力と感覚の判断とを外界に向けるのをやめ、そして、潜在意識の無限の英知が必然的に感応してあなたに解答を明示してくれるのを予期しつつ、注意力の焦点をあなたの理想、目標、目的などに合わせる沈黙の場です。

あなたの中の貴い宝

あなたは神のすべての力と、独立して考える力とを備えてこの世に生まれてきました。それゆえ、あなたは創造する力をもっており、あなたが心の中に抱いていることや信じることをあなたを取り巻く世界に投影する能力をもっています。あなたが自分の創造力に気づいたとき、あなたは限りない豊かさを感じます。富があなたの創造力のうちで眠っています。

ある映画スタジオを訪れたとき、私はあるシナリオ・ライターに仕事をするときの秘訣をたずねてみました。彼はこんなふうに答えました。「心を落ち着け、ゆったりとした気分になってから始めます。最初はその作品の意図するところをつかんで、そのことをいろいろと思いめぐらします。それから夜、寝る前に静寂にひたって、その作品全体を考え、そして具体的な個々のアイデアについては寝ている間に浮かんでくることを予期して眠りに就きます。朝になると脚本ができあがっています。私は机に向かってそれを書いていきます」。

彼の作品が彼の心の中ではなくして、どこで創られましょう。彼が夜の静寂の中で心に抱き思いめぐらしたことが潜在意識に植えつけられ、それによって潜在意識が自動的に返答し、その脚本に必要なあらゆる独創的なアイデアを彼にもたらしたのでした。

人は心にすべてを委ねて生きています。そこは人を豊かにもし、貧しくもし、乞食にも泥棒にもします。自分の人生に望むすべてのものを創造するあなた自身の思考力に気がついたとき、あなたは非常に高価な宝石を自分がもっていることを喜ぶでしょう。

あなたの内にある富と力とは、けっして減るものではありません。心の富とはあなたが自分でその限界を決めてしまうのでなければ、それ自体に限界はありません。

富と名声をもたらした静寂

『預言者』を書いたカーライル・ギブランは、日々静寂を求めて自分の中の神性の自己と通じ、人々に愛と平和と喜びと善意とを与えようと、内的な光とその輝きと愛と真実と美について瞑想しました。そしてその静寂の中で神と静かに語り合って得た富を後世の人々に残しました。ギブランは絶えず真なるもの、善なるものを追求していました。その心境を次のように書いています。

「私は静寂を乞い求める者である。そうすることによって何とよい宝を見つけたことか。私は確信をもってそう断言できる」。

彼は、内にあって永遠に湧き続ける泉より、知恵と真理と美とを引き出していました。夜

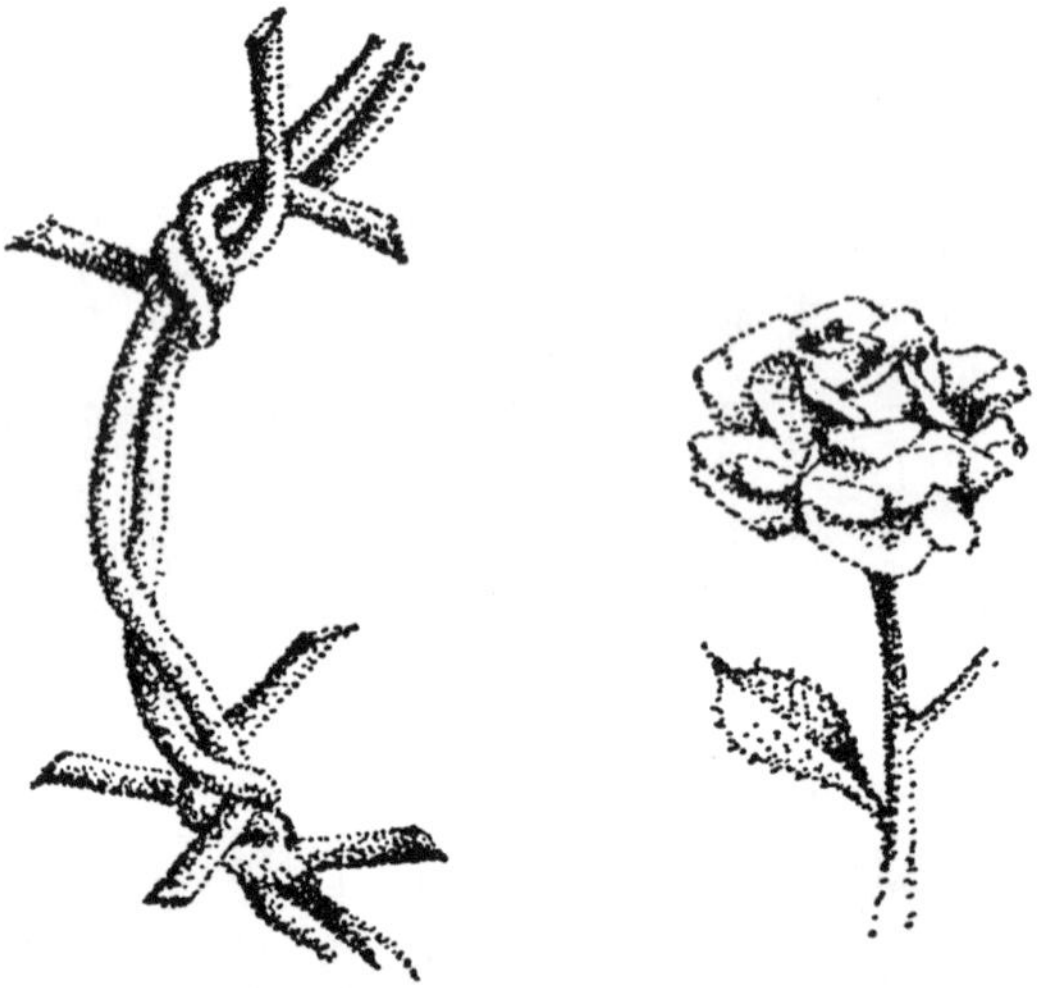

の静寂の中で無限の存在と調和することによって彼は天より霊感を授かり、そして名声と多大の富をもたらした堂々たる知恵の書を著わしたのでした。

乙女の願いをかなえた静寂

私の行きつけている洋服屋が、彼の娘のことでおもしろい話をしてくれました。彼女はニューヨークで行なわれるファッション・ショーにモデルとして出演することになっていました。ある日彼女は父親にこんなことをいいました。「私、今日あるショーで八千ドルもするとても美しいテンでできたコートを見たの。私たちにはとても買えないことわかってるわ。でも心の中で試してみようと思うの。アー、とってもほしい!」。

父親は彼女に、そのコートを手にもって着ようとしているところを想像してみたり、そのすてきな毛皮をなでてその肌ざわりを感じたり、それを着てみたときの気分を味わったりしてごらん、と話しました。彼女は心の中でその想像のコートを着てみました。そしてちょうど子供が人形をかわいがるように、それをやさしくなでたりしました。そのようなことを続けているうちに、彼女はとうとうその毛皮のコートを着るスリルを満喫するまでになりました。毎夜「静寂」にひたってはいつもその想像のコートを着て、それが自分のものになった喜びを味わいながら眠りにつきました。ひと月が過ぎましたが何も起こりませんでした。彼女は気持がぐらつきそうになっては、聖書がいっている「最後まで耐え忍ぶ者は救われる」（マタイ伝第十章二十二節）を思い出していました。

彼女の心のドラマはこういうふうに続きます。ある日曜の朝のこと、それは私の講演の後でしたが、ある男性があやまって彼女のつま先をひどく踏んでしまいました。彼は彼女に非礼を詫び彼女に住いをたずね、車で送りたい旨申し出ました。彼女は喜んでその好意を受けました。それから二人の間にいくらかのおつき合いがあって後、彼は彼女にプロポーズし、美しいダイヤの指環を贈り、そして彼女にこういいました。「僕はとてもすばらしいコートを見た。君がそれを着たらどんなにすてきだろう」。そのコートとは彼女が長らく魅せられていたあのコートでした（その店の店員がいったそうです。「多くの裕福なご婦人方がこのコートをごらんになって一様に感嘆しながらも、何かの理由で皆様他のコートをお求めになりました」）。

ある母親の精神的再出発

ある母親が私に、子供たちがいうことを聞かないので気が狂いそうだと訴えました。私は彼女に、毎朝一人になって腰をおろし十五分くらいかけて、詩篇の九十一篇と二十三篇を読み、それから目を閉じて周囲のすべてから自分を隔離するよう勧めました。彼女はいろいろなことを静かに考えてみる必要がありました。それは、神の無限の愛、限りない知恵、至極の力、完全な調和などについて考えること、彼女の子供たちを取り巻いて彼らを包んでいる愛と平和と喜びの雰囲気を感じること、また、神の愛と平和が自分の心をいっぱいに満たし、子供たちも平和と美と知恵と理解のうちに育まれ成長しているのだということを確信することなどでした。

彼女は精神的な蓄電池に神の力と知恵とを再び充電しました。彼女の生活は全面的な変化を見るようになり、子供たちに対する彼女の愛はますます豊かになりました。このこともまた、平和という富が静寂の中で見いだされた例です。

パイロットが乗客に与えた静寂

私が東洋へ旅行したとき、途中で私の乗った飛行機が激しい雨と稲妻を伴った嵐に翻弄されました。そのときパイロットが私に話しました。彼は嵐に見舞われたらいつでもすぐ詩篇の二十三篇を暗唱し、そして、「神の愛がこの機を包んでいる。私は神的秩序に従って着陸させる」と念じるとのことでした。

そのときの機内も初めは恐慌状態でしたが、やがて水を打ったような静けさに変わりました。パイロットはホンコンに完璧な着陸をし、怪我人は一人も出ませんでした。彼は狼狽することを拒否しました。そして機内の人々に彼らを護る愛を放ち、彼らの恐怖心を癒したのでした。

静寂は問題を解決する

ある男が苦々しくはき捨てるようにいいました。組合員証をもっていないばかりに仕事にありつけないというのです。彼には組合加入費を払うお金がありませんでした。彼の希望は息子を大学へ行かせ、新しい家を買うことでしたが、「ことごとくうまくいきません」とぼやいていました。

私は彼に、内なる真実の声に耳を傾けるよういいました。彼は長らく物事の否定的な面ばかりに目をとめていたのですが、それではうまくいかないのが当然です。

夜彼は静かになったところで、すべての注意力を集中して次のように肯定しました。「無限の知性が私のために道を開きます。そして私は神的幸福を得て繁栄します。神は息子が大学教育を受けられるようはからいます。豊かな富が雪崩のごとく私に押し寄せてきます」。

しばらくたって、彼は以前働いていたところの雇主をたずねました。その雇主は彼にすぐさま高い給料で雇うことを約束し、同時に工場の近くにある家を彼に譲りました。その後給料も更に上がって、彼は息子を大学へ送ることができました。彼は自身の奥底からその回答を引き出したのです。それは夜、神の愛と善行とを静かに黙想したためでした。

恩寵を受ける器《うつわ》

あなたの感覚の扉を全部閉じると、あなたは外界との関連を断って、注意を乱されなくなります。そうして静かにあなたの中の無限の存在に心をとめます。無限の英知はあなたが呼べば答えてくれることを知りつつ、喜びに満ちて期待する受容的な態度で無限の存在と出会います。泉か池へ水を汲みにいくとき、バケツか何か適当な容器をもっていきます。そして容器にいっぱい水を汲みます。あなたが、無限の存在と調和しようとするとき、あなたの受容的な心がその容器です。神の力と恩寵とがあなたの器に満たされます。

さまざまの感覚的証拠から注意力を呼びもどし、あなたの内に宿っていて魂をその愛で満たす神と親しく霊的に交わるために、これよりあなたも心の秩序をたてなおして、定期的にその静寂にひたることを始めなさい。

不死身の活躍の秘訣

ある若い医者の話ですが、彼は、病院で研究中に、研究していた病気の病状の幾つかが自分の身に現われてきて非常に苦しんだそうです。彼はそのことが病的な雰囲気や題材に絶え間なく没頭していたために、恐れる心が恐れているものを引きつけてしまったのだということに気がつきました。

彼はその原因を悟るとすべての病気が病気にかかる側の歪んだ精神状態に起因するということについて深く考え始めました。そして、病的なイメージにとりつかれてそれを恐れるかわりに、調和と健康と平和の完全な状態を絶えず黙想することにしました。ときおり消極的な状態になると、美しきこと、全きこと、完全であることなどに注意を向けました。やがて彼は患者とその病状を客観的に見るようになり、すべての病気に抵抗力をもつようになりました。

彼は現在不死身の活躍をしています。隔離病棟を訪れて重症患者を見て回りながらも、完全に免疫になっています。

科学者と静寂

ある有名な宇宙科学者でもあり技術者でもある人は、難題に直面したとき自分の研究室で一人になって腰をおろし、静かに次のように黙想しています。「私は今、神的解決に気づこうとしている。神はその解答を知っている。私と神とは一体である。神は今、私にそれを啓示する」。

彼はいつもそうして答えを受け、時には直観的なひらめきで必要なアイデアや図式などの完全な解答を得ています。彼は自分のその技術を、好んで「黙想解決法《サイレント・ソルーション》」と呼んでいます。

エマーソンの賢明な静寂

感覚的に五感で感知する世界と自分との間をしゃ断して、賢明な静寂を実践し、それを幾度も繰り返しなさい。そしてあなたの願望やアイデアの現実性を黙想しなさい。「それをもてると信じるならば、あなたはそれを得るであろう」。このことは、あなたの願望、計画、目的、アイデア、発明などは、あなたの心や手が実際に存在しているのと同じく現実であるという意味です。それは心の他の次元に、様式と形と実体とをもっています。

あなたに、アイデアを与えた無限の英知がそのアイデアの実現と開花のために完全な計画を明示してくれることを会得し、注意をそれに注ぎなさい。そうすれば祈りが、かなえられた喜びが、あなたのものになるでしょう。これがエマーソンの賢明な静寂です。

日々豊かな配当を刈り入れなさい

毎朝起きるとき、神とその愛について考え、大きな期待と強い関心と前進する気迫とをもって起きるようになりなさい。静かに次のように肯定しなさい。

「全能の神に今日一日の私自身と私の計画と思想とすべてのできごとを委ねる。『いと高き秘密のところ』に心をとどめ、そしてその愛の影は私と私の家族とビジネスと私に属するすべてを守る。神は私の中にあって歩み、語る。私が行く所すべてに神とその愛が伴う。神は私が手がけるすべての事業を繁栄させ、限りなく、終わりなく、とまることなく富が私のもとに流れ続ける。私は永遠《とわ》に神を誉め、主をたたえて地を歩む」。

右の方法を繰り返し実行するとき、あなたは豊かな配当を生活のあらゆる方面で刈り入れることになるでしょう。

内的な静けさ

「われらは唇と心とが静まる完全な静寂——内的な静けさ——を得るために努めよう。そこにあってわれらはもはや自身の不完全な思想と無益な意見とを抱くことなく、神のみがわれらの内で語る。そして、われらは心を一途にして神の意志を知りうるを待ち、魂の静寂の中でただ神の意志に従いうるを祈る」（ロングフェロー）。

この章の要約

（1）静寂は心の安息です。それによって私たちは英気を養い、新たな活力と強さを得ます。

（2）神の力はだれの内にもあって、静寂のときに顕在意識によって引き出されるのを待っています。

（3）就寝前に意識を静め、求めていることを明示してくれるよう無限の存在を促すことによって、深層の心より創作のためのすばらしいアイデアを引き出すことができます。

（4）あなたがビジネスに携わっているならば、毎朝十分か十五分をさいて、無限の英知があなたのすべての行動を導き、支払い、購買、その他の決断が神の知恵によって取り成されることを肯定しなさい。あなたのビジネスは繁栄します。

(5) もしもあなたが高価なコートを買えないでいるなら、それを自分が着ているところを想像し、織り地の感触とその美しさを味わい、やさしくなでたりして心の中でそれを着続けなさい。予期しないことが起こってそのコートがあなたのものになるでしょう。

(6) 詩篇の九十一篇と二十三篇をゆっくり静かに肯定することによって、あなたは精神的な蓄電池を再び充電することができます。

(7) 船か飛行機に乗っていて嵐に遭ったときは、神の愛があなたを取り巻き包んでいることを知りなさい。そうするとあなたの心は平和になります。

(8) 静寂にひたり、大きな期待を抱きながら前進する気迫を養いなさい。そうすれば天地の富と神の豊かなみ恵みを受けることになるでしょう。

(9) 不和と病気と財政的欠乏のあるところには、神の存在とその愛について思いなさい。そしてそれらの不調和の状態に対して抵抗力を身につけて不死身の生活を営みなさい。

(10) 「神はその解答をもっている。私は神と一体である。ゆえに、私はその解答をもっている」。このことを肯定しなさい。あなたのあらゆる問題は神的解決を見るでしょう。

(11) あなたと外界のすべての光景や音や対象物との間をしゃ断し、静寂にひたって願望が達成された現実性を心の中に完成しなさい。それを続けていくうちに神の力はあなたを助け、あなたは祈りがかなえられた喜びを経験するようになるでしょう。

著者ジョセフ・マーフィー博士の紹介

ジョセフ・フーフィー博士（一八九八年～一九八一年）は、著作者、教育者、講演者として世界的に知られた方で、精神的法則に関する世界最高の講演者の一人です。博士はカリフォルニア州ロサンゼルス市のチャーチ・オブ・ディバイン・サイエンスの牧師で、毎日曜日には約一五〇〇人の聴衆に話しておりました。

マーフィー博士は自己開発について毎日ラジオ放送を行なっており、また、テレビにもしばしば出ていました。潜在意識の力に関する博士のクラスに出たことのある人は数十万にのぼります。マーフィー博士はアメリカの大都市においてのみならず、ときどき、ヨーロッパ、南アフリカ、インド、オーストラリア、日本でも講演しておりました。インドのアンブールのバイブル大学の宗教科学の学位を持ち、インドのアンドラ研究大学の評議員でもあり、宗教科学の建設者故アーネスト・ホームズ博士と多年にわたって提携しておりました。

マーフィー博士の著書には、『眠りながら成功する』『人生に奇跡をおこす』『あなたの人生を豊かにする』『眠りながら巨富を得る』等々、多数あります。マーフィー博士は心の働きの諸法則の原理と実践についての豊かな情報を、すべてわれわれに提供してくれます。マーフィー博士はあなたの心の深層にひそむ力を解放することによって、あなたの心がその直面する難問や難題をいかにして解くことができるかを示してくれるでしょう。

訳者紹介＝和田次郎
1940年生まれ。企業調査研究のためニューヨーク滞在中に本書を翻訳。長らくマーフィー理論を実践して大きな成果をあげている。

新装版　あなたも金持になれる　〈検印廃止〉

著　者　ジョセフ・マーフィー
訳　者　和田　次郎
発行者　田中　秀章
発行所　産業能率大学出版部
東京都世田谷区等々力6-39-15　〒158-8630
電話　03（6266）2400
FAX　03（3211）1400
URL　http://www.sannopub.co.jp/
振替口座　00100-2-112912

1969年8月30日　初版　1刷発行
2003年9月20日　40刷発行
2013年3月21日　新装版　1刷発行

印刷所　日経印刷
製本所　日経印刷

（落丁・乱丁本はお取り替えいたします）　ISBN978-4-382-05684-8